# 晉升高手

U0033284

## 一定要懂的

# 量價分析

一生一定要有的一本股票入門書

晉升高手一定要懂的量價分析 / 張凱文著 . --
初版 . -- 臺北市：羿勝國際，2019.04
　　面；　公分
ISBN 978-986-96767-5-5（平裝）

1. 股票投資 2. 投資技術 3. 投資分析
563.53　　　　　　　　　　　108004748

作　　　者　張凱文
美　　編　純伶
出　　版　羿勝國際出版社
初 版 10 刷　2019 年
五 版 12 刷　2021 年
電　　話　（02）2236-1802（代表號）
E－mail　kv2grace@gmail.com
定　　價　250 元
印　　製　東豪印刷事業有限公司


總 經 銷　大和書報圖書股份有限公司
聯 絡 電 話　(02)89902588
公 司 地 址　24890 新北市新莊區五工五路 2 號
【版權所有 翻印必究】

# 股價始終來自於人性

　　2000年成功打響諾基亞（NOKIA）品牌的一句廣告詞為「科技始終來自於人性」，若把這句廣告詞套用在股市裡，那麼我會改為「股價始終來自於人性」。

## 巴菲特的操盤心法

　　股價漲高了，許多人會因為人性過於興奮，紛紛加碼買進，甚至借錢融資買進股票，結果最後股市崩盤時，也是因為人性上的「不甘心不放手」，結果現股買進的投資人遭到套牢，而融資買進的投機客則紛紛斷頭出場。

　　當股市在底部打底時，由於多數的投資人有了過去買股票大賠的經驗，正所謂人性上的「一朝被蛇咬，十年怕草繩」。因此當股市開始從底部開始上漲時，許多人還在觀望遲疑不敢進場，結果又錯失掉了一段最好賺的多頭行情。

　　股神巴菲特的操盤心法：「眾人悲觀時買進，眾人樂觀時賣出。」巴菲特這句話也是從人性的角度出發，因此買賣股票前，最好先觀察一下大家在大買股票還是大賣股票，接著反大眾思維操作，長期下來必可從股市裡賺到大錢。

## 香港首富李嘉誠：「我永遠保持30%的現金或債券。」

　　雷曼兄弟控股公司（Lehman Brothers Holdings Inc.，NYSE：LEH）於1850年創辦，這是一家國際性金融機構及投資銀行，業務

涵蓋證券、債券、市場研究、證券交易業務、投資管理、私募基金及私人銀行等服務。曾被美國《財富雜誌》選為財富500強公司之一，在2008年前為美國第四大投資銀行。受到次級房貸風暴連鎖效應波及，2008年9月15日，在美國財政部、美國銀行及英國巴克萊銀行相繼放棄收購談判後，雷曼兄弟公司宣布申請破產保護，負債達6130億美元。

雷曼兄弟破產後，引發了全球性的金融海嘯，台北股市也難以倖免於難，當時台灣雖然有開放三通與兩岸直航的利多，但是獨木難撐大廈，台北股市難敵全球大趨勢的崩跌，也跟著從9309點往下崩盤，最低跌到3955點，許多人一生的財富，就此葬送在這次金融海嘯裡。

## 股市最低點時，你有多少現金？

從我2000年接觸股市開始，我就面臨了好幾次股市大崩盤，從網路泡沫、911事件、2顆子彈、金融海嘯等股市大崩盤，每一次當我確認股市為絕對低點時，看看存摺，我已經沒有任何現金了。因為早在股市崩跌的過程中，就不斷地把資金投入攤平。

好在我一直沒用融資攤平，才能每次在崩盤之後的牛市中重新站起。但是回想每一次在股市最低點，我沒有現金可加碼時，我心中有有無比的遺憾。

*Foreword*
前言

　　香港首富李嘉誠曾經說過：「我永遠保持30％的現金或債券。」自從知道連香港首富李嘉誠的資金配置都這麼保守時，我便開始研究如何在股市牛市和熊市中，都能夠持續讓自己的資產增長。

　　經由不斷的研究與嘗試，我認為以股票和債券做搭配是最好的選擇。因為債券能夠提供比定存還好的利息，而且當股市走空時，債市反而開始進入多頭，因此當下一次我面對股市最低點時，我不用怕沒有現金加碼。

　　債券就等於是準現金，並且因為要贖回債券需要一點時間，每個國家的制度不同，平均贖回債券都要3～5天的工作天，因此這可以讓我想要加碼股市前，好好地再想一想，而不會像以前一樣在股市崩跌時，盲目地買進股票。

　　假如你的資產超過上千萬，那麼會有一些財經專家主動會找上你，會建議平均分散風險，可分散至基金、房地產、可轉換債、創投基金等投資，因此上述的資產配置就不適合你。因為我這本書是寫給總資產在1,000萬以內，或是剛從學校畢業，比較沒有錢投資的讀者們。

# 目錄

# Part 3

## 股市6大技術指標　097

# 目錄

## Part 4

### 股市新手基本功　129

## Part 5

### 新手一定要有的投資觀念　151

### 附　錄　　產業關聯圖

股市行事曆

# *Chapter 1*

# 股市的
# 基本分析

當你預期公司的基本面良
好，就應先買進。相對地，
若預期公司的基本面無法支
持，就應先行賣出。

# 投資股票的意義

> ■ 想要靠股票賺價差，還必須要懂得選擇公司、投資的適當時機、股市的走向等不同的因素。

一間股份公司為了要籌措資金而發行股票，然後根據發出的股票，把向不特定的多數人募來的資金，聚集在一起。站在投資者的立場來說，買股票就變成了股東，也就是以資金來參與這個企業。

因此所謂「股」的本來意義，是指股東在該企業中，所含有股份的數量，但一般而言，是指有價證券中的「股票」，所以即使投資人只買了一千股，也可稱得上是該企業的股東。

像這樣投資企業，做為一個股東，穩當的保有股票，即可以隨著企業的成長，而享受到利益，這是股票投資的原始基本想法，但由於股價上漲下跌的價差幅度很大，越來越多的投資人反而開始以買賣的價差獲利為主，造成股票投資的原始含意也漸漸改變。

但是，股價上漲與下跌的變化往往總在片刻之間，股票不會一直往上漲，而且往往它下跌時是以崩盤走勢下落，因此想要靠股票賺價差，還必須要懂得選擇公司、投資的適當時機、股市的走向等不同的因素。

## 如何買賣股票

在證券交易所中，只有證券公司能直接買賣股票，投資者必須到證券公司的櫃台或是在網路下單，經由證券公司收集後，轉

到交易所。收集好的成交單，由證券經紀人整理出買進和賣出的成交單，互相調配後完成交易。基本上，股市交易和其他各類商品的市場是同樣的。

也就是利用拍賣的原理，誰出的價錢好，就賣給誰。因此，為求大量的成交單能夠公正且圓滿的交易，採用「價格優先」和「時間優先」三種原則。

所謂「價格優先」，即如果是買的時候，以出價高的單子優先成交；而如果是賣的時候，則以出價低的單子優先賣出。另外，「時間優先」，就是假使接到相同價錢的二份單子時，以遞出單子早的人為優先。

在證券交易所內的連線買賣室和證券公司之間，有通信網路連接著，買賣的處理都是由電腦代勞，當然電腦是以「價格優先」和「時間優先」的交易原則，來處理這些買賣交易。在買賣的成交單上，必須要註明指定價格。如此一來，想買進的人可能會以比指定價格低的價錢買到，（想賣出的人，也可能會以比指定價格高的價錢賣出），當然如果有任何不明白的地方，可以打電話給營業員詢問，他們會告訴您，更多有關股票買賣的資訊。

## 要準備多少錢投資股票

想要投資股票，資金當然是愈充足愈好，但我想特別一提的是，即使不是有錢人，一樣可以買賣股票。如果您注意一下周圍的人，不難發現很多上班族和家庭主婦們，也一樣在投資股票。

因為想買的股票不同，所需的資金多寡，也有差別。一般說來，應該選擇自己能力範圍內可買的股票，如果說到要準備多少錢的話，我認為，至少要有30萬台幣，才可以開始在股票市場上投資。但是，股票投資對本金沒有任何保證，因為它並不完全是種儲蓄。股票不管是上漲或是下跌，都有二分之一的可能，即使

下跌了，如果放著不動，耐心等待的話，或許會有上漲的機會，但是若買在高檔的股票，很可能套牢一輩子。

因此，用多餘的資金買股票，這是不變的基本原則，投資股市的資金，必須在一至二年之內都不會用到，以防股價下跌時可以隨時應變。企業在籌集資本時通常採用2種方法：一是向他人貸款，二是籌集資金。

舉個簡單的例子： 王董要開一家飲食店需要1000萬元，但自有資金只有500萬元。這時，他可採用2種方式籌募資金。其一就是向銀行貸款或他人借錢；其二是向他人開放加盟，共同開店，共同經營，進而籌集資金。

站在王董立場，如果用貸款開店，一旦飲食店經營不佳，面臨倒閉，他不但損失500萬，還會因為要承擔負債及其利息而陷入巨大困境；但如果生意不錯，這時只要償還事先約定的利息就

好。其剩餘的收益就完全屬於個人所有了。那麼採用第二種方案，在與他人（小張）共同創業的情況下，又出現何等結果呢？

如果飲食店經營不善面臨倒閉，王董就會損失5,000萬；但如果做好了收益也不能全拿，因為要把一半分給合夥人小張。

站在王董的立場，如果王董自己覺得經營飲食店具有相當大的風險，那麼他就會選擇與他人共同經營的方式。如果覺得能夠有把握的收回包括利息在內更多的資金時，他就會選擇向銀行或他人貸款的方式。

一般公司籌集資金的方法是向銀行借款或發行公司債券等，上市公司籌集資金的方法則多了「發行新股」的選項。

對於持有企業所發行債券的人，自然可以享有分紅，增資等權利。其股東權益具體表現如下：

1、當有收益時,享有分紅的權利。

2、具有參加股東大會議案審議進行發表權。

3、公司解散具有剩餘資產分配權。

企業如同個人一樣,如果企業的經營運轉一帆風順,且又能在低風險的狀況下回收投資金額及利息的話,都會想盡辦法籌措資金來擴大營業範圍。

反之,如企業要承擔一定風險時,就會透過發行股票的方式來籌集資金,以降低風險。

過去人們對負債風險的意識較薄弱,加上當時倒閉的企業又很少,所以大多數人選擇了透過債券籌集資金的方式,但企業的負債率卻是相當高的。

隨著股票市場的繁榮,企業透過發行股票籌集資金也變得更加容易了。因此,過去那種持高額負債的企業也不復存在了。

股票與債券不同的是,股票是無期限的有價證券,也就是說,在企業還未破產倒閉的情況下,即使是想收回當初的原資金,也不能向企業索取償還。

所以股東想收回資金的話,必須要把手中的股票轉讓於他人才行,這樣股東就可以依當時的市場行情,索回若干金額,這筆金額的數字,有可能大於、小於或等於當初的交易成本。像這樣為了能使交易順利完成而建立的,就是股票的交易市場。

**投資小叮嚀!**

● 面值×發行股票數量
=企業資本額

● 現在價位×發行股票數量
=企業市場價值

# 掌握**景氣循環**，就能**判斷**股市趨勢

■ 如果投資人有在細心留意，就可以知道股票市場，約在半年之前先行反應景氣的變動。

股票是一國國內的企業所發行的，因此該國家的經濟表現與國內的企業營運績效表現很有連動關係，若該國企業營運能力提升，出口接單情形良好，帶動國家經濟的整體發展，自然會反映到股市上。

## 景氣循環周期理論

一個國家的經濟景氣有四個階段的循環現象，分別為谷底階段、復甦階段、高峰階段、衰退階段四個階段。

景氣不會一直永遠處於繁榮的經濟狀態下，也不會一直處於蕭條的經濟狀態之下，景氣循環周期理論可以用來觀察一國整體的經濟表現，也可以用於觀察產業的動態。例如2002至2007年全球整體的經濟已歷經五年的繁榮時期，但是因為這段時期許多金融機構發明了太多衍伸性金融商品，造成了2008年景氣從高峰直接進入衰退期。

最後達至景氣谷底，而在全球政府的寬鬆貨幣政策下，景氣又快速地從谷底進入復甦階段。因此，若投資人可以抓住一國的景氣循環周期狀況，並事先反應在股市上，也就是若目前處於經濟谷底狀態，但可預期未來景氣將會復甦，則事先在股票市場上買進相關類股。

如此將可搭上景氣復甦的列車；或於景氣處於高峰點時，事

先在股票市場上出脫持股，則可避免景氣衰退而有虧損的風險。一般來說，股市約在半年之前先行反應景氣的變動，若目前景氣處於高峰期甚久，投資人就應該慢慢出脫手中的持股。

因為景氣過熱，各行業的廠商投入許多資本投資，但市場已經飽和，供給大於需求的結果，使得產品價格下跌，廠商的利潤下降，最後會呈現衰退的現象。股價因而下跌。若之前就事先出脫持股，則可免於虧損。任何影響需求或供給的因素都會造成需求線或供給線的移動，進而造成價格的變動。

相同地，若一國的股票市場是價格機能運作，則股價是由對該股票的需求與供給的情形所決定，任何會影響該股票需求與供給的因素，都會影響到股價的波動。

當你預期公司的基本面良好，表示未來某一時點投資大眾將對該股票有需求，所以現在就應先買進，等到該需求確實實現時，再獲利了結。相對地，若預期公司的基本面無法支持，就應先行賣出。

股市是經濟的領先指標，因此股價的漲跌循環往往領先總體經濟的循環，平均來說股票約領先總體經濟3至6個月，因此你經常會看到報章媒體用聳動標題報導：「目前景氣很差。」但是股價卻在利空消息中上漲，就是代表未來的景氣將漸漸轉好，反之亦然，當你見到大環境好轉，那麼要小心股價隨時可能會下跌。

## 投資小叮嚀！

股市基本分析是探討未來將會影響到股價的因素，將所有相關的資料蒐集起來並加以判斷。

有人說：「股價和總體經濟的關係，就像狗和主人的關係一樣。」當主人帶狗去散步時，小狗總是往前亂衝，回到主人身邊後，再繼續往前衝，不過整個主人和狗的散步方向是一致的，下表即是我根據股價與景氣的關係所繪製的曲線圖，在圖表下方則是根據股價的高低來建議持有股票和現金的狀況，多頭時股價的曲線是在景氣指標之上，空頭時則相反，股價的曲線是在景氣指標之下。

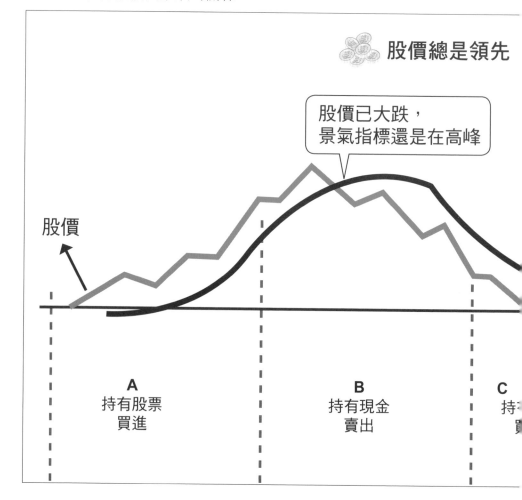

股價總是領先

股價已大跌，
景氣指標還是在高峰

股價

A
持有股票
買進

B
持有現金
賣出

C
持

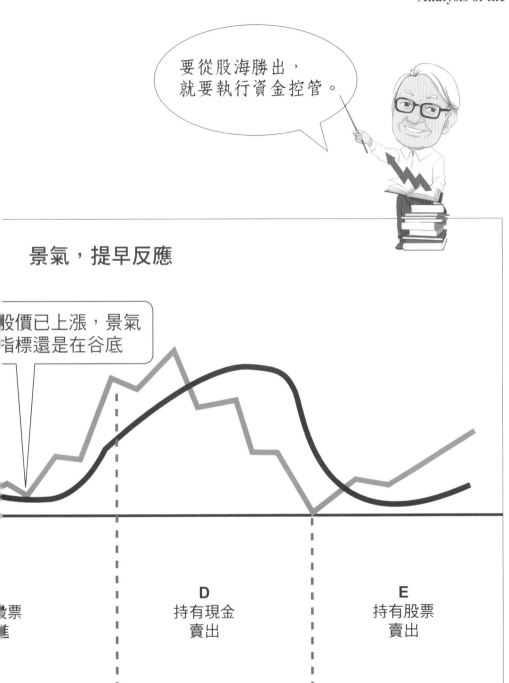

要從股海勝出，
就要執行資金控管。

景氣，提早反應

股價已上漲，景氣
指標還是在谷底

D
持有現金
賣出

E
持有股票
賣出

# 影響**股價漲跌，**的**八大因素**

■ 根據這8種因素來分析，投資者自然可選到屬於自己理想中的股票。

　　股價會漲會跌的因素有非常多，經由我蒐集分析後，大約會有8種因素影響股價漲跌。投資人每年只要根據這8種因素來分析，相信自然可選到理想中的股票。

## 1.公司營運

　　由於股票之標的代表著公司本身，因此公司本身的營運能力會影響到股價的波動。公司營運情形良好，公司的發展越有潛力，成長性越佳，股價也會因而反應。

　　衡量公司營運的績效有五個構面：

（1）**流動性管理：**

　　公司人員流動性越高─→越經營不易，容易發生經營危機。

（2）**資產管理能力：**

　　資產管理能力越佳─→資產使用越有效率─→營運情況良好。

（3）**負債管理能力：**

　　負債管理能力越佳─→資本結構就會越健全─→營運情況自然良好。

（4）**獲利能力：**

　　公司營運獲利能力越佳，股東則越賺錢─→股價看好。

（5）**公司的市場價值：**

　　市場價值越高─→股東利益越大─→股價看好。

## 2.發放股利

公司發放股利的多寡,與公司該年度的獲利情形有很大的關係,發放股利越多,除表示該公司股東越賺錢之外,更顯示出公司營運獲利的能力。因此公司營運績效越佳,預期公司越賺錢,股利發放越多,公司前景看好,股價自然升高。

## 3.董、監事改選

市場派若要介入公司的經營權,多會爭取董、監事的席位。於是在董、監事改選之前,都會大舉收購買進股份,由於對股票的需求大增,股價自然上揚,此為董監事行情。

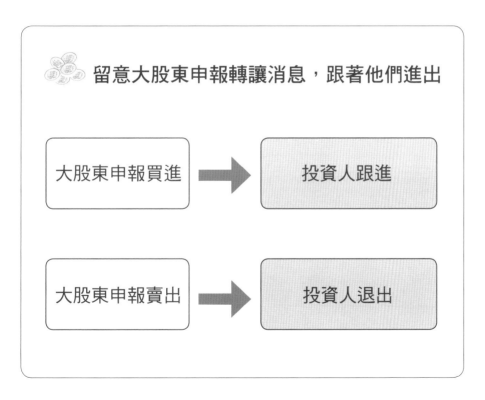

留意大股東申報轉讓消息,跟著他們進出

大股東申報買進 ➡ 投資人跟進

大股東申報賣出 ➡ 投資人退出

## 4.除權、除息

股票除權、除息之後，股價相對上會較於便宜，此時可以買進股票，待部分或全部填權、填息後，股價上漲，即可獲利了結。

## 5.股票新上市

股票初次上市，一方面承銷價格相對較低，投資人預期股價將上揚；一方面初次上市，多數股份仍掌握在公司大股東手中，因而會拉抬股票行情，刺激買氣，股價會上漲，此乃股票新上市之蜜月行情。

## 6.人為操控

市場主力、作手或大戶，往往會利用散戶投資人的心理，先利用股價低迷時大舉買進股票，設法拉抬股價，造成該股熱門的假象，並不斷放出拉抬股價的消息，誘使大眾追高，等到股價飆漲過多時，再一舉大賣股票，賺取巨額價差，套牢的反而是一般投資人。

因此，對於股價不正常的飆升，則應檢視是否有基本面支持，才能對有心人士操縱股價的行為有所防範。

 **投資股市3原則**

公佈營收創新高 → 股價短期大幅漲跌 → 適合短期操作，低買高賣

## 7.轉機行情

當公司營運由虧轉盈，或體質有重大轉變時，會獲市場認同，股價將有大波段的漲勢。

投資人可以下列方式檢視公司的轉機時點：

（1）產業景氣是否由谷底爬升？可逐月比較公司的月營收有無成長？

（2）公司有無擴產計劃？

（3）公司體質有無重大轉變？如公司是否重整、經營權有否易主等。

## 8.現金增資行情

（1）若為盈餘轉增資，表示公司獲利後，將盈餘轉變為股本，發行新股流通，此為利多消息。

（2）若為現金增資，則須當心市場派人士入主董監事之後，辦理現金增資，以除權將股價調低，藉此出脫原先以呈高價的股票獲利了結。

## ▶ 影響股價的8大要素

| |
|---|
| **1.** 公司營運 |
| **2.** 發放股利 |
| **3.** 董、監事改選 |
| **4.** 除權、除息 |
| **5.** 股票新上市 |
| **6.** 人為操控 |
| **7.** 轉機行情 |
| **8.** 現金增資行情 |

# 教你看懂政府，的各項政策

■ 若政府對產業的規範太嚴，或限制過高，會使該產業的股價受到壓抑。

每個產業都處於循環周期的某一處上，位於該循還的公司情況也不相同。

例如2000年個人電腦產業處於景氣高峰期，全世界對個人電腦的需求量非常大，因此個人電腦廠商獲利豐富，訂單源源不絕，反應在股價上則節節高升。

但處於景氣衰退期的產業並非沒有出頭天，若衰退期產業出現一種新技術或不斷創新升級，則其生命周期有可能跨入另一個開始。

因此投資人應隨時注意產業政府對產業的法令政策，若政府對產業的規範太嚴，或限制過高，會使該產業的股價受到壓抑。

## 1.財政政策

政府若採行擴張性的財政政策，例如國家建設計劃，則會帶動相關國營建業股或工程股股價上揚；要是採行緊縮性財政政策，則投資人就應賣出相關類股，以減少損失。

## 2.貨幣政策

政府貨幣政策主要在於中央銀行的政策工具，有三點：

### ①存款準備率

●調高存款準備率→銀行體系可放款資金減少→市場資金緊俏→股市動能減少→利空。

●調低存款準備率→銀行體系可放款資金增加→市場資金寬鬆→股市動能增加→利多。

## ②重貼現率

●調高重貼現率→銀行體系向央行借錢成本提高→降低準備貨幣→資金緊俏→利空。

●調低重貼現率→銀行體系向央行借錢成本降低→增加準備貨幣→資金寬鬆→利多。

## ③公開市場操作

●央行發行票券或賣出債券→市場上資金減少→利空。

●央行收回票券或費進債券→市場上資金增加→利多。

## 3.貨幣供給量

（1）M1b年增率大於M2年增率，表示市場上可用資金較多，注入股市的動能增加，有利大盤上漲。

（2）M1b年增率小於M2年增率，表示市場上可用資金較少，注入股市的動能減少，不利大盤上漲。

## 4.利率

## 市場利率調高

（1）企業籌資成本高。

（2）投資人購買股票機會成本高→利空。

## 市場利率調低

① 企業籌資成本低。

② 投資人購買股票機會成本低→利多。

**投資小叮嚀！**

把投資股市當成自己開公司，做判斷時自然會小心謹慎。

## 5.物價

（1）一般來說，消費者物價指數（CPI）上漲幅度大於躉售物價指數（WPI），表示廠商出售產品所增加的收益高過於增加的成本，廠商的利潤增加，股價就會上漲。

（2）若消費者物價指數上漲幅度小於躉售物價指數，表示廠商出售產品所增加的收益低於於增加的成本，廠商的利潤因而減少，股價就會下跌。

（3）若物價不斷上漲，投資人基於保值之故，會將股市資金抽出轉而投資不動產或黃金等保值性高的商品，反而不利股市發展。

## 6.匯率

原則上，台幣升值，有利進口，不利出口；台幣貶值，有利出口，不利進口。

（1）台幣升值，不利於出口貿易，因此依賴外銷的廠商，股價會下跌，如電子業；但進口原料成本相對地降低，使得多使用進口料的廠商利潤提高，股價上揚，如食品業進口原料成本下跌，反應在利潤提高，因此股價可望上漲。

（2）台幣貶值，有利於出口貿易，因此依賴外銷的廠商，股價會上揚，如電子股及塑膠類股；相對上，多賴進口原料的廠商帳面利潤降低，股價會下跌。

## 7.政治

不論是國內或國際上政治的變化，都會或多或少影響股價的波動。

（1）兩岸關係惡化，例如中共不開放陸客來台觀光，造成股市恐慌性賣壓，而影響股價。

（2）國內政治局勢的動盪，政爭紛傳，影響投資人的信心。

（3）選舉前執政黨多會製造選舉利多行情。

（4）中東政局不穩定，石油輸出國家組織調高油價，造成石化業進口原料上漲，利潤降低，股價下跌。

曾經有個股市老手表示，在台灣做股票其實不難，台股大約每3至4年會有一次底部和高點，只要掌握住一兩次做買進和賣出的動作，就能讓自己的財富快速倍翻，但是前提還是要買對股票，像一些燒錢的電子股要盡量避開，長期投資要以傳產股為優先。

像面板產業因為政府太晚開放至大陸設廠，導致讓韓國廠商搶得先機，面板龍頭友達股價也欲振乏力。

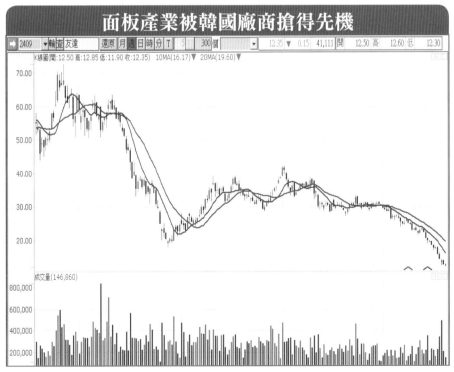

圖片來源：永豐e-leader

# 掌握三大法人動向，
## 了解股市趨向

■ 法人機構多有專業的經理人進行分析的工作，所掌握的訊息較一般人快速且較為正確。

隨著國際化及自由化的潮流，政府放寬審核投信基金、外資的標準，加以摩根史坦利指數納入台股後，外資將持續對台股加碼，法若掌握住法人的籌碼動向，就容易判斷出未來的股市走勢。

法人機構可分為外資（合格機構投資人QFII、境內外僑、海外基金）、投信基金以及證券自營商。

由於法人機構多有專業的經理人進行分析的工作，所掌握的訊息較一般人快速且較為正確，選股也較為謹慎，因此三大法人的動向可為參考的指標之一。

## 買賣判斷

### （1）外資動向

●外資買超逐漸增加→看好台灣股市→適量買進股票。

●外資賣超逐漸增加→看壞台灣股市→出脫持股。

●外資累計持股成長率高→買進該個股。

●外資累計持股減少率高→賣出該個股。

### （2）投信基金動向

●持股比率增加→看好後市發展→適量買進股票。

## 概念股行情

| 中國概念股 | 如統一、建大、巨大、長榮、正新、統一實等。 |
|---|---|
| 兩岸關係有所突破 | 買進中概股 |
| 兩岸關係陷入緊張 | 賣出中概股 |
| 中共經貿政策鬆綁 | 台商權益受到保護→買進中概股 |
| 中共經貿政策嚴格 | 台商權益受到侵害→賣出中概股 |

## 官股行情

| 官股 | 如三商銀、中鋼、陽明、台積電、台船等 |
|---|---|
| 國安基金護盤 | 買進金融股 |
| 選舉行情 | 買進 |

| 摩根概念股 | 多為各類股中的大型股、績優股、如台塑、南亞、聯電、台積電、三商銀、統一、味全等。 |
|---|---|
| 外資買超逐漸增加 | 適量買進摩根概念股 |
| 外資買超逐漸增加 | 適量賣出摩根概念股 |

●持股比率減少→看壞後市發展
→出脫持股。

●若大盤下跌，投信仍保持或買
進某一類股→買進該類股。

●基金持有某一股票過多→當
心投信大賣。

## （3）證券自營商動向

●大盤下跌，自營商買超→適
量買進股票。

●大盤上漲，自營商賣超→適
量賣出股票。

●自營商個股買超排行前幾名
→買進該些個股。

●自營商個股賣超排行前幾名
→賣出該些個股。

## （4）其他法人動向及指標

●證券商受託買進比重前幾名
→買進該些個股。

●證券商受託賣出比重前幾名→
賣出該些個股。

●成交量前幾名→買進該些個
股。

## 國際股市對台灣股市影響

1.美國紐約股市收盤後數個小時，
台北股市開盤→開盤行情可參考
美國股市收盤行情。

2.台北股市將收盤時，日本股市上
午場休息→收盤行情可參考日本
股市上午場行情。

| 災後重建股 | |
| --- | --- |
| 颱風、水災、地震後重建工作 | 水泥類股、營建類股、電線電纜類股、鋼鐵股、食品類股等多上漲。 |
| 颱風、水災、地震後 | 股市資金動能不足→其他類股表現會不佳。 |

## 資產股行情

| | |
|---|---|
| 資金寬鬆，有通貨膨脹之預期 | 保值功能助漲→資產股上漲 |
| 油價上漲 | 賣出中概股→通貨膨脹之預期→資產股上漲 |
| 資產重估 | 台商權益受到保護→買進中概股→提高淨值→相關資產股上漲 |
| 土地、建築政策之鬆綁 | 台商權益受到侵害→賣出中概股→相關資產股上漲 |
| 土地開發計劃 | →相關資產股上漲 |

## 台股指數概念股

| | |
|---|---|
| 摩根、道瓊台指緩漲 | 適量買進台指概念股 |
| 摩根、道瓊台指緩跌 | 適量賣出台指概念股 |
| 外資拉抬摩根、道瓊台指大漲 | 留意現貨股票將來反彈下跌 |
| 外資刻意壓低摩根、道瓊台指 | 可逢低接貨 |

# 透視**主力大戶**，的股票**炒作手法**

> ■ 主力通常選定低股價時大量買進，或向董監事等大股東以鉅額轉帳之方式轉進大量股票。

一般而言，主力炒作有一定的過程可循，鎖定籌碼進貨→拉抬股價→進行洗盤→出貨了結。投資人應隨時注意其中變化，以免跟進被套住。

## 1.鎖定籌碼進貨

目標在於低檔吃貨，高檔出貨，因此主力通常選定低股價時大量買進，或向董監事等大股東以鉅額轉帳之方式轉進大量股票。

通常一般人難以判斷主力何時買賣，因此應讓自己培養基本分析及技術分析的能力。

## 2.拉抬股價

主力建立基本持股後，即在市場上放出利多消息，或聯合公司董監事一同拉抬股價，成交量大誘使投資人跟進。此時的你，應檢視股價的上揚有無基本面及技術面支持。

## 3.進行洗盤

股價拉抬後上揚，主力欲誘使散戶和短線轎客出貨，會進行洗盤，方式有三：

（1）震盪洗盤：主力在盤中高出低進，讓散戶信心不足而脫手。

（2）向下洗盤：主力最常使用的洗盤方法，故意用大量出貨來藉以壓低行情，待散戶釋出浮額後，又低價回補，以利後市作價。

（3）向上洗盤：當大盤不穩時，主力故意拉高股價，但不讓股價漲停，誘使散戶逢高出脫，因成本較高，此法並不常用。

 避免投機行為

重視公司未來發展

不短線進出

長期投資的心態

不聽信飆股和內線

## 主力出貨的方式：

（1）主力發佈利多消息，股價處於高檔時逐步出貨。

（2）利用行情震盪時，技術性調節出貨。

（3）與炒作不同股票之主力換股操作。

（4）以鉅額轉帳方式轉給中實戶。

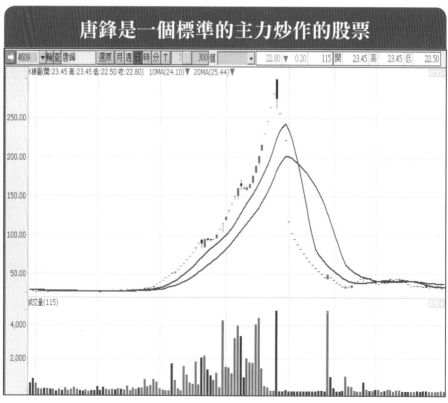

唐鋒是一個標準的主力炒作的股票

圖片來源：永豐e-leader

# *Chapter 2*

# K線圖
# 技術分析

投資人最主要的就是要活用
所學的技術，嚴設停損停
利，自然有機會長期從股市
穩定賺到錢。

# 教你看懂K線圖，的基本功

■ 我們從K線圖中，就可以從股票的實務面上，輕易的比較買賣雙方力量的消長。

技術分析主要是根據過去的股價資料，不只分析過去的走勢，並藉此來預測未來的趨勢，在股票實務上，學會技術分析就等於讓自己在股海中，有個明確的「股市GPS」。

想學會股市的技術分析，就要先從K線圖開始學起，K線圖就是將各種股票每日、每周、每月的開盤價、收盤價、最高價、最低價等漲跌變化狀況，用圖形的方式表現出來。

K線又稱陰陽線、棒線、紅黑線或蠟燭線，起源於日本德川幕府時代的米市交易，當時是用來計算米價每天的漲跌，後來把計算的概念引進股票市場，來作為股票價格的分析走勢。

股票買的人多就會漲，賣的的人多就會跌，而從K線圖中，就可以比較買賣雙方力量的消長，市場主力的動向以及股市中漲、跌、盤等三種基本行情的變化。

K線圖經過這麼多年的統計、分析、整理後，會呈現著一定的規律性，即某種圖形可能代表著某種市場行情，在出現了某種圖形組合後，有可能會出現某種新的走勢。

不過K線圖也往往受到多種非經濟因素的影響，所以不要預期它對股價有百分百的準確性。

在運用K線圖時，一定要加入自己的想法，並且與其他多種技術指標結合起來，再來進行分析和判斷，最後做出買賣的決定。

## 如何活用K線圖

K線的應用就像觀察氣象一樣，必須具備基本的概念，才能提高預測的準確性，因此一個好的股票投資人，也可以說是一個好的股市氣象家。

提高預測K線圖的準確性，投資人平常就要培養以下4個基本能力：

第一要觀察的是全球的經濟數據，例如目前美元利率、國際油價、台幣匯率的變化，都會間接和直接地影響股價的變化，因此投資人要不定期關心這些經濟數據的變化。

其次，政治情勢也會影響到股票的走勢，例如現在的那個國家的政治發生政黨輪替，通常股價都會有巨幅的波動。最明顯的例子便是2004年319槍擊事件，造成台股的重挫，另外如戰爭和政治的政策也必須納入考量。

### 活用K線的四面向

（1）全球經濟數據：利率、油價、匯率。

（2）政治情勢：國際局勢、戰爭條款、政治政策。

（3）企業的基本面：資本額和發行股數、增資額度、企業的合併。

（4）股市人氣度：國外行情走勢、大盤成交量的動向、融資餘額的增減度。

企業的基本面是影響一家公司股票的長期趨勢，所以若是投資個股的投資人，應該注意的是這家公司的資本額、發行股數、增資額度、企業的合併等情形，把自己當成企業的經理人來看待，自然可以掌握住這家公司股價的波動。

最後投資人要懂得，就是股市目前人氣如何，假設國外股市行情走勢走空，那麼連動到國內的行情自然不會太好，而大盤成交量的多寡、融資餘額的增減度，也都可以判斷目前K線是處於高低檔。

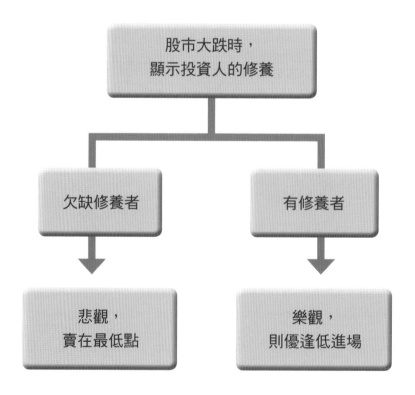

# K線圖的畫法

| 圖　形 | 最高　收盤價　開盤價　最低 | 最高　開盤價　收盤價　最低 | 最高　收　最低 |
|---|---|---|---|
| 名　稱 | 陽線 | 陰線 | 十字線 |
| 表示法 | 以紅色實體柱表示（本書以白色表示） | 以黑色實體柱表示 | 以十字線表示 |
| 股價強弱 | 股價強勢 | 股價弱勢 | 股價強弱不明 |
| 收盤價與開盤價狀況 | 收盤價高於開盤價 | 收盤價低於開盤價 | 收盤價等於開盤價 |
| 無上影線情形 | 最高價等於收盤價時，無上影線。 | 最高價等於開盤價時，無上影線。 | 最高價等於開盤價時，無上影線。 |
| 無下影線情形 | 最低價等於開盤價時，無下影線 | 最低價等於收盤價時，無下影線 | 最低價等於開盤價時，無下影線 |

# 使用**移動平均線，**的**設定方法**

■ 對於平均線的設定，可以依自己方便看懂，有著不同的設定與使用方式。

移動平均線是利用統計學上 moving average 的方式計算而得來，最常見的有5日、10日、20日（月線）、60日（季線)、144日（半年線）、288日（年線）。

以日期為橫軸，5日股價平均所求得的數字點於Y軸上對應畫圖，即可畫出5日平均線；同理，可畫出10日均線等，觀察其圖形可發現，平均線可反映股價之或上升或下降趨勢，且平均日數愈少，趨勢反映愈靈敏。

 **以5日線為例，計算方式為**

| 日期 | 1/1 | 1/2 | 1/3 | 1/4 | 1/5 |
|---|---|---|---|---|---|
| 當日收盤價 | 10 | 11 | 12 | 11 | 13 |
| 5日股價平均 | 1/1日至1/5日的股價平均線為<br>（10+11+12+11+13）÷5＝11.4 | | | | |

## 常用的移動平均線

　　對於平均線的設定，每個人有不同的設定方式，例如有人習慣設季線為72日，也有人設為60日，我自己的移動平均線有時還會設為55日。

　　平均線的設定其實是給自己一個參考的指南，關鍵在於股價突破或跌破平均線時，投資人是否按照既定的紀律執行。

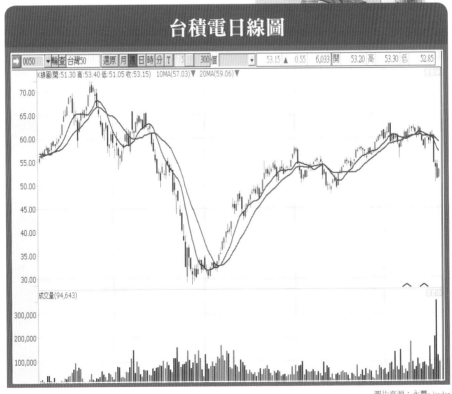

台積電日線圖

圖片來源：永豐e-leader

# 葛蘭碧八大法則

■ 買賣也可以說是一種藝術，葛蘭碧是目前最普遍的技術分析方法，把藝術科學化。

葛蘭碧八大法則的運作，是利用價格與其移動平均線的關係作為買進與賣出訊號的依據，它認為價格的波動雖然具有某種規律性，但移動平均則代表著趨勢的方向性。因此，當價格的波動偏離趨勢時，未來走勢將會朝趨勢方向修正，所以發生偏離時，就會產生一個買賣訊號，若趨勢在加速發生時，亦可預期未來乖

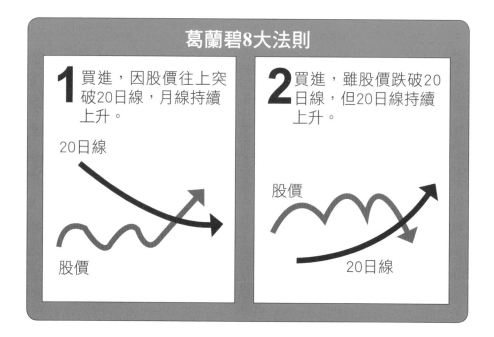

### 葛蘭碧8大法則

**1** 買進，因股價往上突破20日線，月線持續上升。

20日線

股價

**2** 買進，雖股價跌破20日線，但20日線持續上升。

股價

20日線

離將會擴大，因此乖離也可以作為一個觀察指標，移動平均線是較長期的價格發展線。

因此相較於價格線而言，移動平均線具有一種趨勢的概念，且平均的日期越大，所代表的時間刻度就越大。

當趨勢發生改變時，長天期的趨勢線還沒有感受到時，價格將會先反應，在這個時候，價格線將與移動平均線發生交叉現象，代表著趨勢改變的意義，因此價格與均線的關係亦是觀察指標。

葛蘭碧八大法則是以價格和均線的關係，作為買進與賣出股票的依據。我以20日均線為例，把葛蘭碧8大法則歸納為以下8點：

## 買點：

❶ 股價往上突破20日均線，並且20日均線開始翻揚。

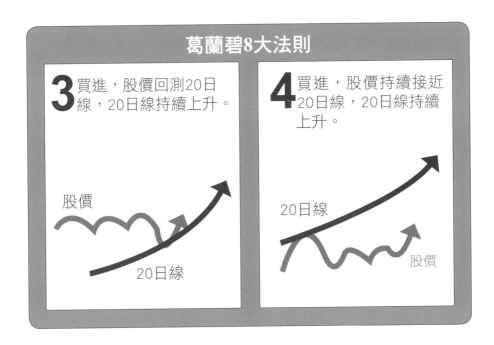

葛蘭碧8大法則

**3** 買進，股價回測20日線，20日線持續上升。

股價

20日線

**4** 買進，股價持續接近20日線，20日線持續上升。

20日線

股價

❷ 股價暫持跌破20日均線，20日均線持續上升。

❸ 股價沒有跌破20日均線，20日均線持續上升。

❹ 股價開始從谷底接近20日均線，20日均線持續上升。

## 賣點：

❺ 股價跌破20日均線，20日均線開始下降。

❻ 股價長期處於20日均線下方，反彈至20日均線附近。

❼ 股價無法突破20日均線，20日均線持續下降。股價已經大漲一段，即將回測20日均線。

格局大了，錢就賺不完了。

放大投資格局

不看日線，改看週線和月線

以長線心態投資股票

## 葛蘭碧8大法則

**5** 賣出，股價跌破20日線，20日線持續下降。

**6** 賣出，股價長期處於20日線下方，20日線持續下降。

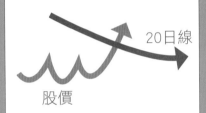

**7** 賣出，股價無法突破20日線。

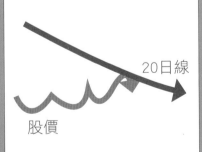

**8** 賣出，股價股價大漲一段後，雖20日線持續上升，但宜賣出觀望。

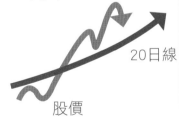

# 懂6種量價關係，就夠了！

■ 股票價格漲跌通常是根據投資人的買賣力道強弱而產生變化的結果。

你一定經常聽到「股市目前量能不足，因此盤整了這麼久，若要上漲，那麼成交量應該持續放大才行。」或是有分析師說：「目前量價背離了，小心股價會開始回檔修正。」你一定很想知道：「到底量價的關係是甚麼？」

俗話說，新手看價，老手看量，意思就是投資老手通常是以成交量來配合輔助觀察股市行情，成交量與股價趨勢的關係大致會有以下九種狀況：

第一、股票價格隨成交量的遞增而上漲，為市場行情的正常情況，此種量增價漲的關係，表示股價將繼續上升。

第二、在一個波段的漲勢中，股價隨著遞增的成交量而上漲；價格經過回檔後再繼續上升，突破前一段的高點另創高峰，但是此波段的成交量水準卻低於前一個波段的成交量，表示此波段價格漲勢動能不足，趨勢可能即將反轉。

第三、股價隨著成交量的遞減而下跌，中途價格雖有反彈，但成交量依然不見增加，繼續萎縮，這代表弱勢反彈，股價將繼續下跌。

第四、有時股價隨著緩慢遞增的成交量，而逐漸上漲；走勢突然呈垂直上升的噴出行情，成交量急遽增加，量價暴漲；緊隨

著成交量卻又大幅萎縮，同時股價急速下跌；這種現象表示漲勢已到末期，顯示多頭趨勢即將結束。

第五、在一波段的長期下跌形成谷底後，股價回升，成交量卻沒有隨股價上漲而遞增，股價上漲乏力，然後再度跌落先前谷底附近，當第二谷底的成交量低於第一谷底時，則是股價將要上漲的訊號。

第六、股價往下跌落一段相當長的時間，然後出現恐慌性的賣出，此時隨著日益擴大的成交量，股價大幅下跌，繼恐慌賣出之後，預期股價可能上漲，同時

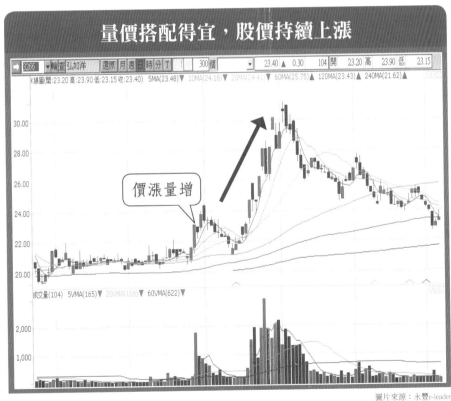

圖片來源：永豐e-leader

恐慌賣出所創的低價，將不會在極短時間內跌破，隨著恐慌性大量賣出之後，往往是空頭市場的結束。

第七、當市場行情持續上漲數月之久，出現急遽增加成交量，而股價卻上漲乏力，在高檔盤旋，無法再向上大幅上漲，顯示股價在高檔大幅震盪，賣壓沈重，此為形成股價下跌的預兆。

第八、股價持續下跌之後，在低檔出現大成交量，股價卻沒有進一步下跌，價格僅出現小幅震盪，此表示有人開始買進股票，也是空頭即將結束，開始另一段上漲的波段。

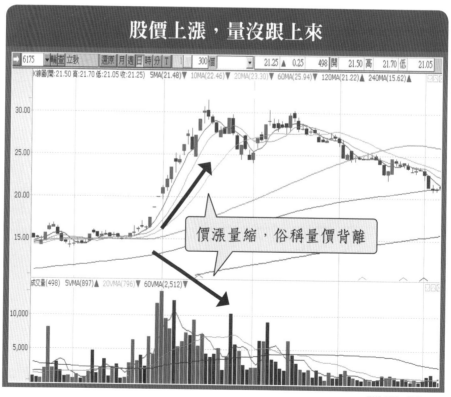

圖片來源：永豐e-leader

第九、股價經過一段時間的上漲或下跌後，價格和成交量都維持一定的數值，這時代表觀望氣氛濃厚，指數未來仍以原來趨勢發展居多。

股票是一種商品，買賣的人多了，自然成交量就高，而當沒人要買賣股票時，自然成交量就低，而股價有高有低，長期統計下來，量與價共有9種關係，分別是：

**1. 價漲量增**

**2. 價漲量縮**

**3. 價漲量平**

**4. 價穩量增**

**5. 價穩量縮**

**6. 價平量平**

**7. 價跌量增**

**8. 價跌量縮**

**9. 價跌量平**

## 掌握6種關鍵的價量關係

但是量幾乎不可能每天相同，所以我把這9種量價關係，去掉藍色的3種，保留6種量價關係，我認為只要你弄懂這6種量價關係，就可以預先掌握住，股票未來的脈動。在量價關係中，最重要的是「量」與「價」能夠配合得宜，股價在高檔或低檔時，成交量大或小的解讀都不相同。因此，若要掌握股價的走勢與變化，除了看懂技術分析的K線圖與其他技術指標之外，仍需觀察成交量的變化。

成交量算是投資人買賣撮合的過程，成交量的高低，代表多空對於後市行情的看法，最終多空做出買賣的決定，也影響了

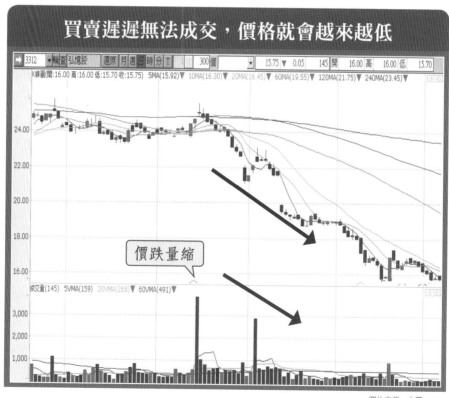

圖片來源：永豐e-leader

未來的股市趨勢。量與價的關係
千變萬化，投資人可先從觀察大
盤的單日成交量來判斷，把握住
一個要訣：「低檔低量，高檔高
量」，例如只要大盤的日成交量
低於500億，那麼就代表中期底
部，可做買進的動作，而當大盤
的日成交量高過2000億，就要趕
緊賣出股票了。

## 投資小叮嚀！

價格是投資人買賣的結
果，量能是投資人買賣
的過程。

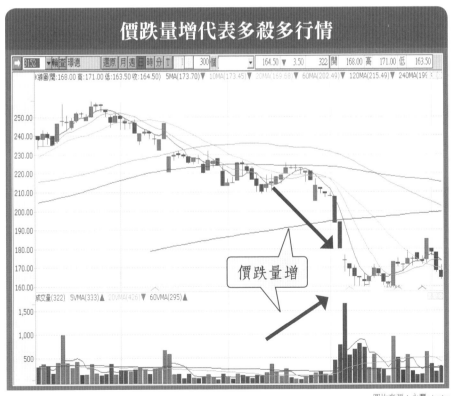

價跌量增代表多殺多行情

價跌量增

圖片來源：永豐e-leader

| | |
|---|---|
| 量增<br>價漲 | 1.價漲量增是良好的價量配合關係，通常是代表多頭的訊號出現。<br>2.在多頭行情之中，成交量亦隨之適當增加時可以視為「換手量」，有利於多頭市場的持續。<br>3.不論是型態或是趨勢線，有效的向上突破，必須要成交量增加的配合才是。<br>4.在空頭走勢中出現價漲量增的K線時，極有可能是止跌訊號，但仍須確認。<br>5.在多頭行情的末升段中，價漲量增有時會是高點已至的訊號。尤其是成交量異常放大而且後繼無力之時。 |
| 量增<br>價跌 | 1.是價量背離的訊號，後市以偏空為主，但仍待確認。<br>2.在跌勢末期時，量增代表低檔買盤進入轉趨積極，距離指數低檔應不遠。<br>3.在漲勢初期或低檔盤整階段，可能是多頭力道正在醞釀，若配合期指未平倉量的增加，未來行情上漲機會甚大。<br>4.在漲勢末期則為多頭獲利了結心態濃厚，未來反轉下跌可能性大增。<br>5.若盤勢處於跌勢初期則未來盤勢會持續下跌。 |
| 量增<br>價平 | 1.多為持續原來行情的走勢，但仍須確認。<br>2.處於末跌段或初升段時，應是多頭力道仍在持續醞釀，未來上漲機會很大。<br>3.多頭走勢或空頭走勢的整理期間，則為多頭或空頭力道重新醞釀的時機，在未來盤勢朝原來趨勢發生突破時，原來的趨勢將持續發展。<br>4.若指數處於末升段，極有可能是多頭力道逐漸衰退的跡象。 |

# 關係表

| | |
|---|---|
| 量縮<br>價漲 | 1.屬價量背離現象，未來走勢一般以偏空因應。<br>2.處於初升段或盤整階段時，應採取觀望態度。<br>3.若為漲停鎖死，則後勢仍以續漲視之。<br>4.處於末升段時，則可能因為多頭追漲意願不高，指數反<br>　轉而下機率大增。 |
| 量縮<br>價跌 | 1.若處於初跌段或主跌段時，代表多方接手意願不高，仍<br>　視為賣出訊號。<br>2.若為末跌段時，則為空頭力量衰竭，應注意買進時機。<br>3.若在上漲趨勢中，通常代表持股者惜售，未來應可續<br>　漲。 |
| 量縮<br>價平 | 1.亦屬於背離現象，但不確定性較強。<br>2.若處於末升段則代表離高點不遠，應注意賣出時機。<br>3.若處於盤整階段，則對於盤勢較無影響力。 |
| 量平<br>價漲 | 1.若處於多頭走勢中，則有可能是處於換手過程中。若後<br>　續成交量無法擴大，則應密切留意賣出訊號。<br>2.在空頭趨勢中極可能是短暫技術的反彈，後市仍然偏<br>　空。<br>3.若處於整理階段，則較無特殊意義。 |
| 量平<br>價跌 | 1.若處於多頭走勢中，則有可能是處於換手過程。若後續<br>　成交量無法擴大，則應密切留意賣出訊號。<br>2.在空頭趨勢中，則是空頭力道仍在持續，後市仍然偏<br>　空。<br>3.若處於整理階段，則較無特殊意義。 |
| 量平<br>價平 | 價平量平，顯示觀望氣氛濃厚，指數未來仍以原來趨勢發<br>展居多。 |

# 股票市場的多變量價關係

■ 成交量代表一群人的金錢交易，每個人都想從這些交易中賺到大筆的金錢。

投資股票概略來說，就是一群人賣給另一群人，因此若想買的人多，股票供不應求，自然股價節節上升，反之，若是想賣的人多，股票供過於求，那麼股價自然快速下跌。

由3419譁裕的日線圖可看出，即使三重底已經成型，底部也有量出，但是還有可能回測低點，再次出量後，才是真正的上漲，但是可觀察這檔股票一旦量縮，股價即開始回跌。

4426利勤的日線圖更明顯，上漲時，搭配量滾量，股價頭也不回的往上升，但是一旦高檔量縮，代表該買進的人都買了，接下來這些人要等著賣出，因此造成想賣的人多過於想買的人，價格便越來越低了。

看了這麼多的量價關係，不知你是否已經搞不清楚了？其實任何的技術分析都不是百分百準確，否則若是這麼容易，每個人都可以從股票市場賺到錢，因此投資人最主要的就是要活用所學的技術，嚴設停損停利，自然有機會長期從股市穩定賺到錢。

觀察量與價的關係，是投資人非常重要的功課，因為在所有的技術指標當中，唯有量所呈現出來的指標是最直接的。

因為成交量代表一群人的金錢交易，每個人都想從這交易中

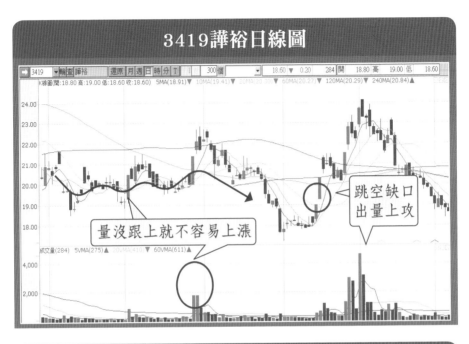

3419譁裕日線圖

量沒跟上就不容易上漲

跳空缺口
出量上攻

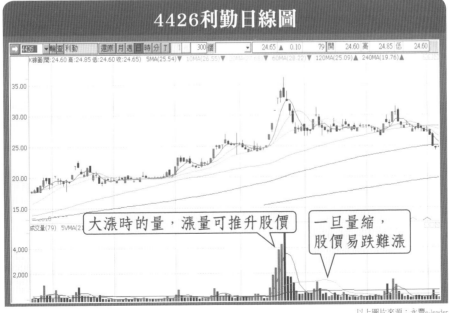

4426利勤日線圖

大漲時的量，漲量可推升股價

一旦量縮，
股價易跌難漲

以上圖片來源：永豐e-leader

賺到錢，所以只要長期觀察量能的狀況，對於行情的掌握會有一定的幫助。

## 底部爆量，必有大行情

在股市裡有句格言：「底部爆天量，必有新天價。」若一檔股票長期在底部盤整，成交量也極低，代表這檔股票的籌碼極為安定。

假設有一天這檔股票的成交量，超過之前平均量的10倍左右，那麼代表這檔股票不是有基本面的重大利多，就是有主力作手準備炒作這檔股票。

像這樣的股票，建議可以在量少的時候，開始慢慢買進，等到爆量時，一次把所有資金買到滿，接著就是抱牢持股，等待飆漲的熱帶氣旋上漲，即可享受到買到飆股的樂趣。

買到這樣的股票雖然機會很小，但是也不是完全沒有，重點就是要把做股票的週期拉長。

以我所舉出的兩檔股票——欣高和嘉澤為例，這兩檔股票分別以月線和周線做觀察，都是在長期底部爆天量，之後都至少有3倍漲幅的大行情。

因此，做股票一定要用「長線保護短線」的觀念，以爆量來說，短線看來可能會覺得漲太多，但若把眼光放遠，則是一個大行情的啟動。

## 出貨量

假如一檔股票已經上漲一段，而在高檔區爆出天量，那麼99％的機率，這檔股票即將大跌，因此我特別舉出了三檔股票為例，提醒大家若遇到頭部爆量，趕緊出場為妙，千萬不要留戀。

在股票高檔時，新聞媒體都會是這檔股票利多消息，公司財報的獲利表現，一定也是在巔峰期。

即使如此，投資人還是要捨

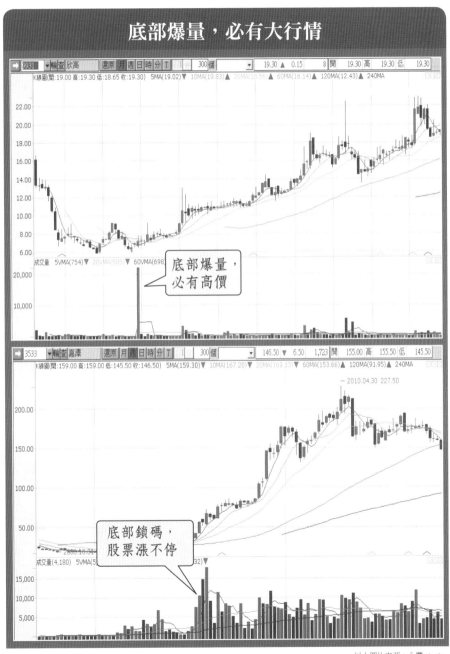

以上圖片來源：永豐e-leader

得賣出股票，因為當一檔股票的表現到達頂峰，接下來便是走下坡的開始。

## 逃命量

逃命量與出貨量有異曲同工之妙，差別即在於出貨量出現時，股價或許還有高點可期，但是逃命量卻是股價已經正微微往下跌時，突然出現大量，之後股價開始加速下跌，最後造成崩盤。

以4417金州為例，在32至34元間出現明顯長黑K，配合成交量也創新高，因此很明顯是主力的逃命量，股價後來也直接崩跌至22元，投資人若捨不得在逃命量出現時賣股票，那麼將造成更大的損失。

套牢資金要捨得出，才能重新播種。

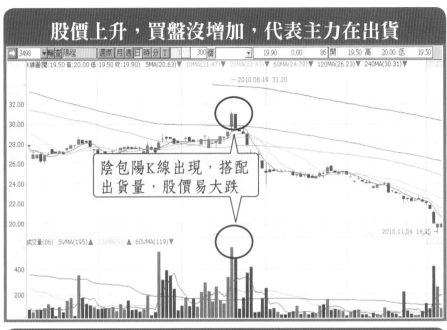

股價上升，買盤沒增加，代表主力在出貨

陰包陽K線出現，搭配
出貨量，股價易大跌

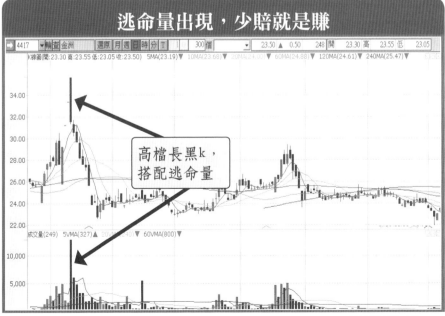

逃命量出現，少賠就是賺

高檔長黑k，
搭配逃命量

以上圖片來源：永豐e-leader

# 股票線圖的 W底和M頭

■ 確認W底或M頭的K線圖，我們可以以周線圖和月線圖共同來分析，增加準確度。

股價在經過一段時間下跌、盤整後，K線圖會自然呈現底部的型態。而最常見的底部型態即是W底，通常當W底成型，代表股票終於要脫離底部，進入一段上漲的行情。

## W底

但是確認W底成形的K線圖，最好是以周線圖和月線圖來分析，因為日線圖常因為短期利多利空的影響，造成雖然這週看圖形是W底，但是下周看圖時，因為一個大利空造成崩盤，W底反而成為M頭。

W底可分為左低右高的W底和左高右低的W底，最好的買進時機是當左低右高的W底成形

時，因為這代表之前左低W底買進的投資人，已經開始解套獲利，因此自然股價越往上漲，籌碼的穩定度越高。

相反的，若是左高右低的W底成形時，那麼代表之前買進的投資人處於套牢中，若是股價有上漲，反而容易出現解套賣壓，形成做底不成反成頭的後市走勢，因此建議左高右低的W底成形，先不要做買進的動作，維持觀望的等待即可。

## M頭

雙重頂即為M頭，而雙重底即為W底，這是因為其形狀的關係，雙重頂的二個波峰的高度相近，且發生時間間隔數週至數

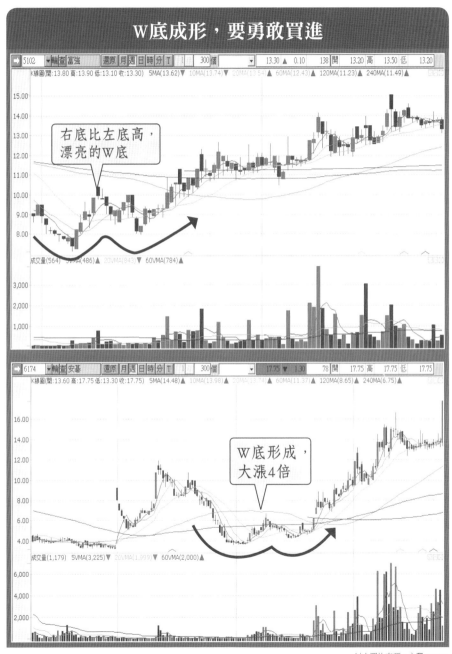

以上圖片來源：永豐e-leader

月。當價格跌破頸線時，則顯示將發生一波下跌走勢。

M頭型態有兩個高峰（頭部），大約落在相同的價位，當收盤價跌破兩個高峰所夾的谷底（頸線），M頭型態即告完成。通常第二個頭部的成交量較小，但在暫時回升的突破過程中，成交量應該放大。M頭型態完成後，價格往往會反彈至頸線的下緣。

M頭的最低目標跌幅，是由頸線扣除與頭部至頸線等幅的垂直距離。

雙重底（W底）性質則與雙重頂類似，但上下相反而已，雙重底的二個谷底是市場對價格底限的測試，經過二次測試，不破顯示測試成功，代表市場認為的低點。

 ## M頭與W底

| 型態 | 形狀 | 構成 | 漲跌幅 |
|---|---|---|---|
| M頭 | M形 | 由兩個價格頭頂構成 | 由頸線扣除與頭部至頸線等幅的垂直距離 |
| W底 | W形 | 由兩個價格谷底構成 | 由頸線加上頭部至頸線的等幅垂直距離 |

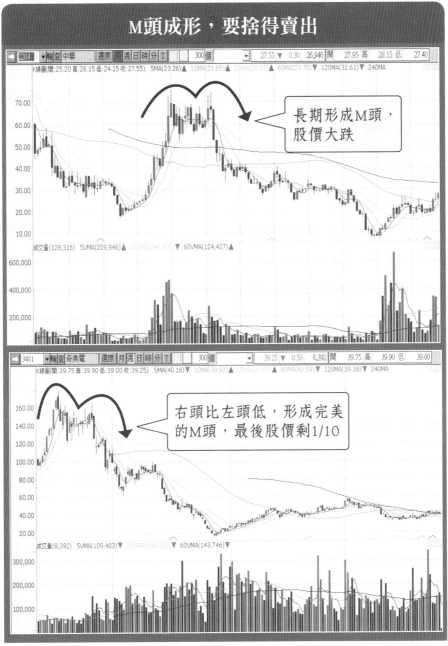

# M頭成形，要捨得賣出

長期形成M頭，
股價大跌

右頭比左頭低，形成完美
的M頭，最後股價剩1/10

以上圖片來源：永豐e-leader

061

但測試成功不代表價格便會反轉，價格須在頸線帶量突破，則趨勢的反轉型態才告確立。

## 頸線

在K線圖裡，當底部形態確立的情形有W底型態，突破W底會回測W底的三個最高點，這條連線就叫作頸線，當M頭形成後，當股價跌破三個最低點，這條連線也是高檔的頸線。

一般股價突破頸線，都會回測頸線的支撐或壓力，獲得支撐，會往上再漲一大段，而高檔跌破頸線則會向上回測頸線壓力，如果回測失敗，通常都會跌得很重。

頸線可說是一個重要的生命線，因為當高檔跌下時，投資人通常會捨不得賣掉，因此一不小心，總是讓自己的資金套牢，因此頸線就可當成一個最後的出場機會，空頭來臨時少賠就是賺。

當股價從低檔漲上來時，由於之前的股價跌跌不休，讓投資人跌怕了，遲遲不敢買進，因此若股價正式站上頸線，也可當成一個確認的買進訊號，要讓自己勇敢的買進股票。

「頸線」的名字取得非常好，當股價跌破頸線，若要停損賣股，絕大數的投資人不會這麼做，因為這就像脖子被砍了一樣，但是這也是散戶朋友們最大的弱點，在關鍵時刻，往往克服不了自己心理的關卡，因此建議還是跟著技術線圖做，捨不賣就閉著眼鏡賣，股票下跌時，唯有保持現金才是王道。

## 投資小叮嚀！

頸線可說是一個重要的生命線。

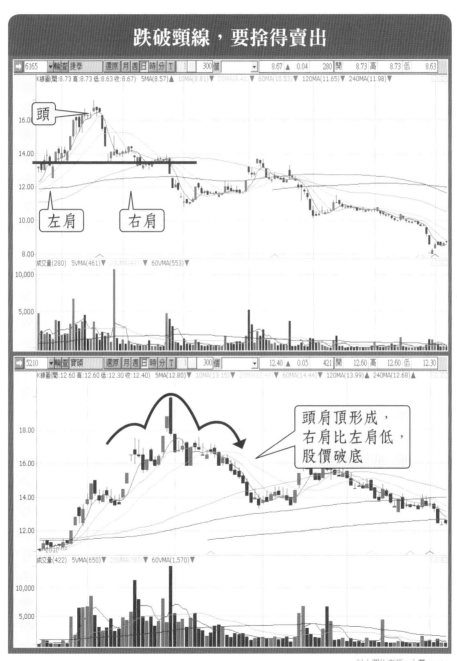

以上圖片來源：永豐e-leader

# 帶你了解**何謂 頭肩型態**

要形成頭肩型態必須包含以下4個要素，1.左肩、2.頂(底)、3.右肩、4.頸線。

頭肩型態可說是一種複合型的M頭或W底，也是一種最常見的反轉型態。

頭肩型態可分為頭肩頂及頭肩底，前者是發生在行情的高檔時期，若頭肩頂完成時，代表的是即將有一段空頭走勢將產生。反之，若是頭肩底型態成型，也代表將有一段空頭走勢產生。

這種型態通常出現在行情的高峰與行情的底部，是一種常見的反轉型態，一般分為頭肩底與頭肩頂兩種。無論是頭肩頂或是頭肩底，在左肩和右肩可連結一條線，我們稱為頸線。

這條頸線代表的是一個重要的趨勢線，在上升趨勢中，一旦價格跌破頸線，或在下降趨勢中，價格突破頸線，則為趨勢反轉訊號。

頭肩頂（底）在技術分析上，是一個十分明顯且可信賴的技術指標，尤其在底部判斷時，可用頭肩的型態與成交量來判斷，一旦右肩的成交量將明顯小於左肩，並且價格穿越頸線，那麼將會有一段波段漲幅。

## 三重頂和三重底

若是頭肩型態的頭部跟左右兩邊的肩同高的話，那麼就形成了三重型態，若是在股價高檔區形成，通稱為三重頂，而在底部形成，則稱為三重底。

# 頭肩型態是長期累積的K線型態，非常具有參考價值

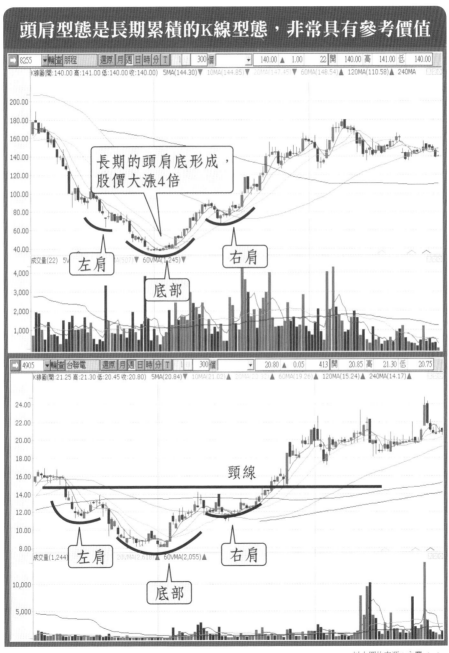

以上圖片來源：永豐e-leader

會形成三重型態的原因，通常都是在一段時間內，多方和空方的力量差不多。也就是說，三重型態這段期間並沒有一定的趨勢可判斷，而唯有股價突破頸線時，這時的多空趨勢才漸漸明朗。

頭肩型態的判斷準度以週線和月線為最高，通常週線和月線高檔頭肩型態完成後，股價即將進入一段長期的修正，若投資人捨不得賣出，就容易被套在高點，而要等到下一次底部頭肩型態完成時，才有可能解套。

等待一檔股票解套的時間其實是很可惜的，因為當一檔股票的高檔頭肩型態完成時，一定會有其他的股票底部剛完成，因此投資人只要進行換股的動作，即使是這檔股票在高檔停損出場，但是卻有機會從別檔股票從低檔賺回來。

## 頭肩頂(底)的4要素

頭肩頂必須包含4個要素，1.左肩、2.頂（底）、3.右肩、4.頸線，只有在跌破頸線之後才完成整個型態，跌破的定義為：收盤價貫穿頸線的幅度大約是股價的3%，頸線不一定是水平狀，它可以向上或向下斜。

# 三重型態跟頭肩型態很類似，非常具有參考價值

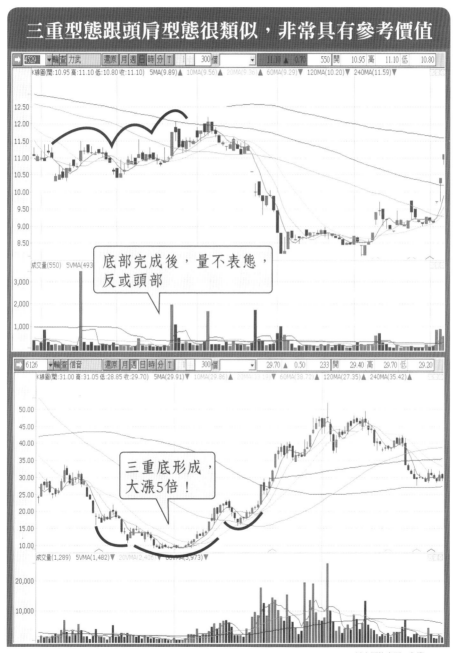

底部完成後，量不表態，反或頭部

三重底形成，大漲5倍！

以上圖片來源：永豐e-leader

# 2種急速反轉型態

■ 投資人遇到急速反轉型態時，一定要趕緊調整心情和持股，才不會被原有的趨勢綁住。

股市裡有句話說：「股市趨勢很難逆轉，一旦逆轉，就很難再逆轉。」本節所要介紹給讀者的兩種急速反轉型態，便是一種快速逆轉原有趨勢的型態。

投資人遇到時，一定要趕緊調整心情和持股，才不會被原有的趨勢綁住，造成嚴重的誤判。

## V型反轉

V型反轉的型態，本來就是已經是一種非常難成型的型態，因為這代表股價本來是延著下降趨勢線往下跌，但在一段時間內，很快從最低點向上以約45度或60度的斜角急漲，K線走勢成為一種V字型，因此統稱為「V型反轉」。

V型反轉也可用在頭部區，若股價本來是順著上升趨勢線往上漲，但是卻從最高點急速往下跌，K線型態看起來就像一個「倒V字」的型態。

V型反轉可遇不可求，投資人遇到時要馬上應變，絕不可留戀之前的趨勢，不管之前做多還是放空，都要反手操作。

## 島狀反轉

島狀反轉其實算是屬於V型反轉型態的一種，只是不同的是，島狀反轉的最高點和最低點的K線的兩邊都有對稱的跳空缺口。若把兩邊的缺口看成是大海，那麼最高點或最低點形成一種類似小島。

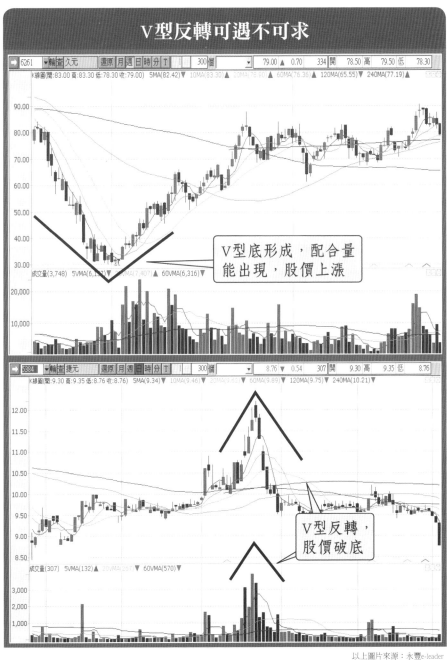

以上圖片來源：永豐e-leader

島狀反轉一旦形成，將會有一個波段行情，尤其島狀反轉出現在頭部時，投資人更是要趕緊賣出，稍一遲疑將會被慘套於股海中。

　　所以當看到島狀反轉訊號時，就該注意此訊號所發出的警告。也要留意後續發展情況。

反轉時不逆向操作，就只能禱告了。

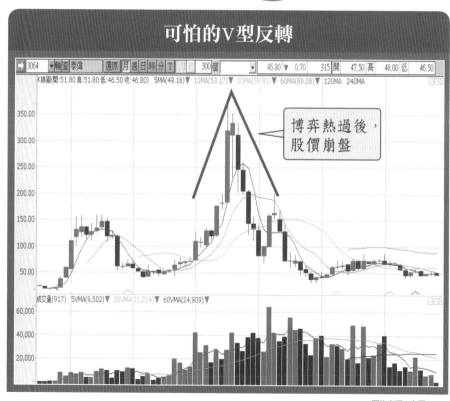

圖片來源：永豐e-leader

# 島狀反轉代表的有一股強大的買盤或賣盤，把之前的跳空缺口用同樣的力量逆轉

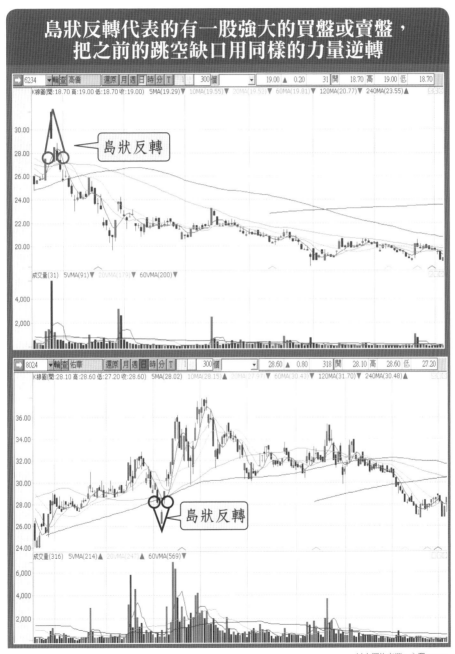

以上圖片來源：永豐e-leader

# 何謂**緩慢**的**反轉型態**

跟V型反轉和島狀反轉不同的是，圓形型態是屬於較為緩慢的反轉型態。

形成圓形型態的原因剛好跟V型或島狀型態相反，這是一種非常緩慢的反轉型態，但是一旦確定形成，那麼之後將會有越來越快的爆發性行情。

圓形型態可分為圓形頂和圓形底，不過圓形的頭部較為少見，主要原因是股價在高檔區因為成交量大，因此價格波動也較大，因此在頭部的圓形頂比較少見。

但是若一旦形成圓形底，那麼代表有非常多的人，在非常長的時間內，套在同一區間，之後的行情有可能形成大空頭，投資人要特別留意。

若是在股價低檔區形成圓形底，那麼代表即將有大漲的機會，這時投資人要密切觀察成交量，通常成交量會在圓形底的最低點萎縮至最少，隨著價格上漲，成交量也同步放大，圓形底的右弧形上漲，也將會形成越來越快的上漲走勢。

跟V型反轉和島狀反轉不同的是，圓形型態是屬於較為緩慢的反轉型態，而且圓形型態大多出現在大盤低檔區，因此大盤的K線圖若確定為圓形型態，那麼投資人要非常有耐心的持有股票，靜待股票的回升。

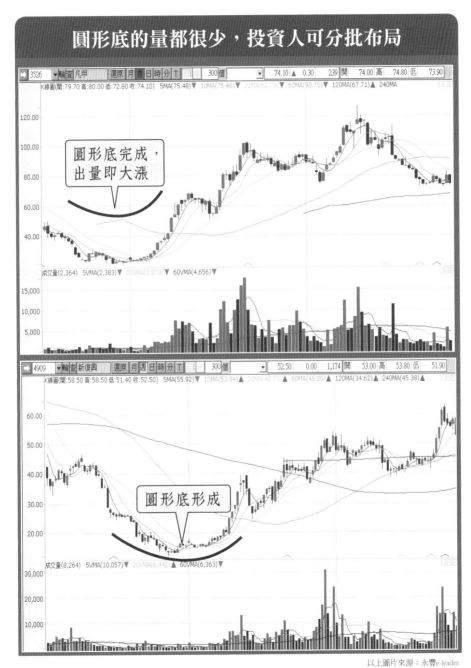

以上圖片來源：永豐e-leader

# 各種不同的**反轉型態**

■ 我們可以知道，三角型態具有「整理」的意涵，所以通常都將持續原有趨勢。

　　三角型態是最常見的價格形態，但也是一個不可靠的形態，因為發生三角型態後，它可能成為反轉型態，但也可以是連續型態。不過三角型態仍是一個重要的K線型態，三角型態具有「整理」的意涵，所以通常都將持續原有趨勢，三角型態大致可分為等腰三角、上升三角與下降三角，三種不同的型態。

## 等腰三角

　　等腰三角是其中較富變化的型態，開始時價格波動較大，但價格波峰的高度逐漸下降。同時價格谷底也不斷的墊高，形成二條收斂的趨勢線情況，價格往未來的方向收斂，所形成的形狀便如等腰三角。

## 上升和下降三角

　　上升三角形的上限為水平狀，下限向上傾斜，屬多頭型態。下降三角形的下限為水平狀，上限向下傾斜，屬空頭型態。擴張排列有擴張頂與擴張底，擴張頂通常發生在主要趨勢的頭部，三個峰位持續墊高，但兩個折返點持續下滑。當價格向下突破第二折返低點，型態即告完成。

　　因此三角形中連接峰位與谷底的趨勢線是相互收斂的，而擴張排列則是相互發散，但三角型態在發展上，是向上或向下的突破走勢，事前沒有太多的訊號可供判讀三角型態的產生，通常是

等腰三角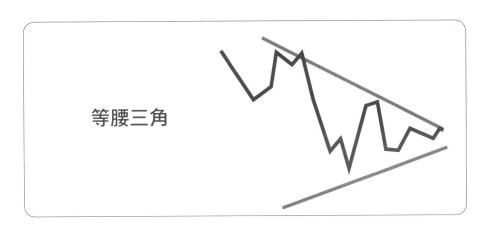

上升三角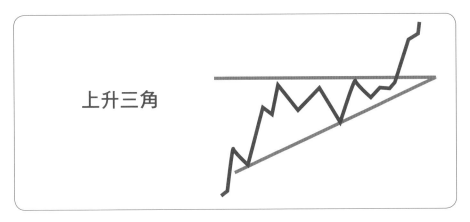

下降三角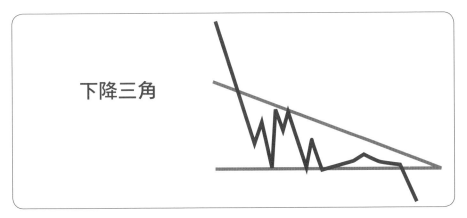

多頭和空頭角力的結果，而三角型態最終趨勢的演變，則代表多頭或空頭的勝出。

　　因此投資人遇到三角型態時，不妨多觀望，等待最後的趨勢產生時，再開始投入資金，以免一開始站錯邊，又捨不得停損，資金就被套住了。

## 各種三角形型態

| 三角型態 | 形成條件 | 多空趨勢 | 未來趨勢 |
|---|---|---|---|
| 等腰三角形 | 波峰的高度下降，同時谷底也不斷墊高，形成二條收斂的趨勢線 | 盤整區 | 多空不明 |
| 上升三角形 | 上限為水平狀，下限向上傾斜 | 多　頭 | 維持多頭 |
| 下降三角形 | 下限為水平狀，上限向下傾斜 | 空　頭 | 維持空頭 |

# 三角型態的完成通常較為複雜，投資人要仔細繪圖

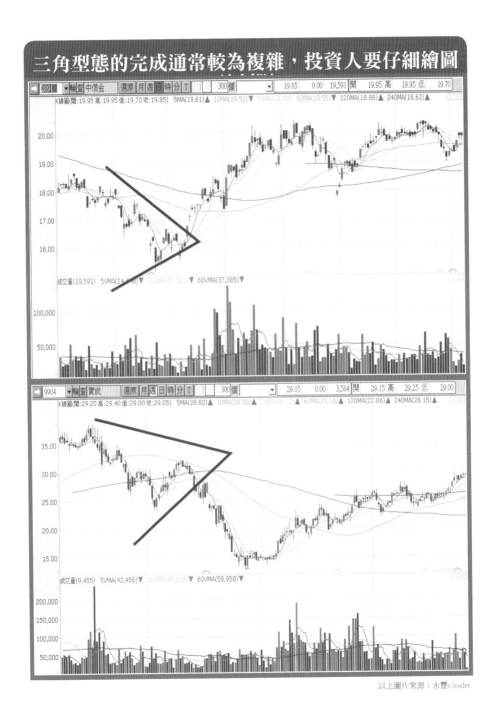

以上圖片來源：永豐e-leader

# 支撐與壓力彼此差別

■ 把一段時間連續的支撐點和壓力點，連接起來，就會很明顯的各發現一條上升趨勢線或下降趨勢線。

當股價下跌一陣，碰觸到某一價位時，就停止了下跌，這價位便有所「支撐」。反之，當股價上漲一段，碰觸到某一價位時，卻停止了上漲，這個價位便有所「壓力」。形成支撐與壓力，通常是因為在某價位有很多人在買賣，當股價下跌到該處，因為已到了當初願意買進的便宜價格，所以，當投資人有意願再次買進，便形成了支撐效果。

而當股價上漲到某價位，由於投資人已從虧錢狀況回到成本，所以會有一批人選擇賣出而解套，因此股價便形成了壓力。

若將起漲日的低點與不斷創新高的某天的低點相連，這一條一直延伸的直線即為支撐線，而若將起跌日的高點，與不斷創新低的某天的高點相連，且這一條一直延伸的直線即為壓力線。

技術分析最重要的基本原理便是順著趨勢操作，當價格下跌到某些區域時，便發生反彈，則顯示這個區域具有相當的潛在買盤，因而形成一個支撐區。

因此投資人可以觀察當股價上漲至某些區域時，股票向上漲的走勢經常發生折返時，那麼顯示該區域有許多人正在賣股票，此區域即為壓力區，尤其是當價格遇到該區域而發生折返的次數越多時，則這個壓力區將越有效。

# 支撐線跌破時，投資人一定要捨得停損

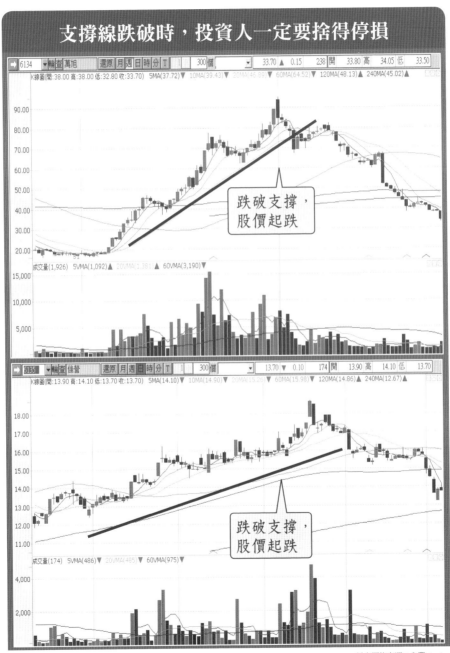

跌破支撐，
股價起跌

跌破支撐，
股價起跌

以上圖片來源：永豐e-leader

支撐或壓力的另一項重要的問題是其力道如何，判定力道強度的方式，可以從成交量來判定。由該價格區的成交量情況，來判定支撐壓力的力道支撐或壓力形成的原因是需求或供給的集中區，而這種集中現象則表現在成交量的大小。

所以當一個底部發生是伴隨著大成交量時，則隨後該處所構成的壓力將會較大。支撐或壓力呈現在K線圖上是一個區間狀況，而不只是特定的點位，因此若在繪製支撐或壓力線時，建議以一個支撐區域或壓力區域來表現，將能夠對股價的高低檔更能夠掌握。

支撐和壓力可搭配每日的K線圖來判斷，如4406新昕纖在上漲過程中，不斷留下長上引線，代表上漲的賣壓重重，若是沒有更大的利多支持，股價很容易回跌。

## 支撐和壓力的特色

1. 當股價下跌到該處，因為已到了當初願意買進價格，所以便形成了支撐效果。

2. 當股價上漲到某價位，會有一批人選擇賣出而解套，因此股價便形成了壓力。

3. 由該價格區的成交量情況，來判定支撐壓力的力道支撐或壓力形成的原因是需求或供給的集中區。

4. 支撐或壓力呈現在K線圖上是一個區間狀況，而不只是特定的點位。

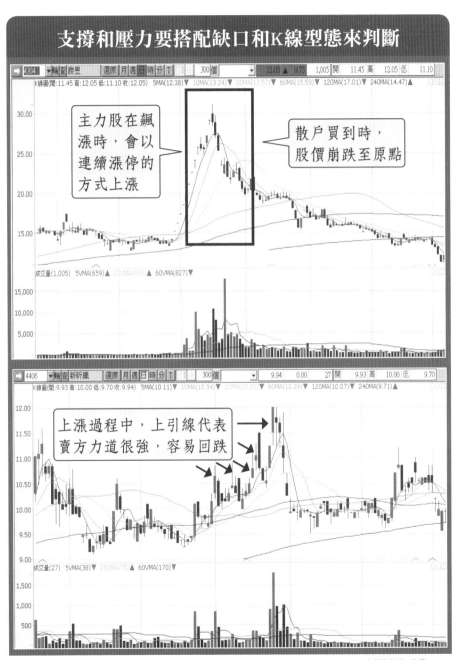

以上圖片來源：永豐e-leader

# 圖形分析的
# 基本技巧——趨勢線

在技術分析的領域，順著趨勢線去操作，就能讓自己隨時保持獲利的狀態。

把一段時間連續的支撐點和壓力點，連接起來，就會很明顯的各發現一條上升趨勢線或下降趨勢線，投資人可根據這條線，做出停損或停利的動作。

基本上，股價延著上升趨勢線往上漲，一旦跌破上升趨勢線，投資人便要捨得停損，相對的，股價延著下降趨勢線往下跌，一旦突破下降趨勢線，投資人便要開始勇敢進場佈局。

以我的投資經驗，股價下跌的速度總是又快又狠，而上漲的速度，通常是又緩又磨人，因此以這特性來延伸操作，當股價跌破上升趨勢線時，建議投資人一次全部出清，不要留戀。

當股價突破下降趨勢線的當時，投資人反而要分批進場，不用急著一次把資金全部買足。

## 盤整趨勢

當股價在一段期間內，在一定的價位區間浮動，例如股價在三個月內，股價一直在50至55元之間，股價遇到55元便下跌，碰到50元又開始上漲，那麼這樣便能把這狀況稱為「盤整趨勢」，把盤整趨勢的最高點相連，並且也把最低點相連，圖型看起來就像鐵路的軌道一樣平行，盤整趨勢代表買賣股票的投資人都算理性。

多頭的投資人不追高，股價拉回就買，空頭的投機客也不殺

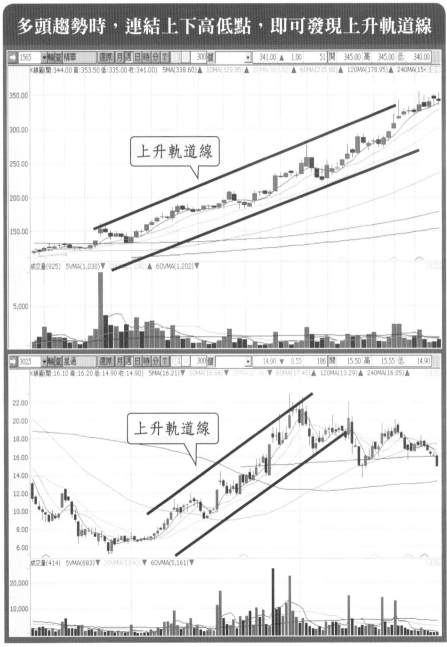

以上圖片來源：永豐e-leader

低，股價逢高才放空，因此建議投資人遇到盤整趨勢時，盡量以觀望為宜，不宜進場操作。

盤整的型態產生時，代表多頭和空頭短期內都無法勝出，也有可能代表多頭和空頭都在觀望，投資人可搭配量能來多做分析，只要短期成交量大增，再觀察均線是往上還是往下，那麼就可判斷出這一波盤整過後，是往上漲或是往下跌。

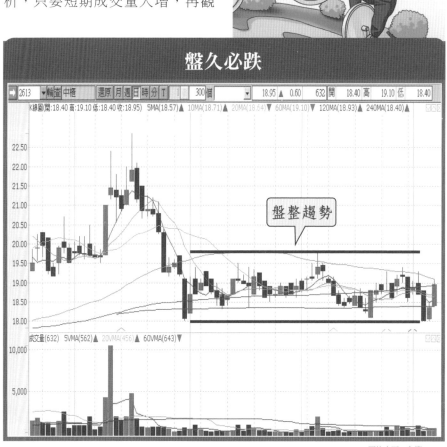

圖片來源：永豐e-leader

# 空頭趨勢時，連結上下高低點，即可發現下降軌道線

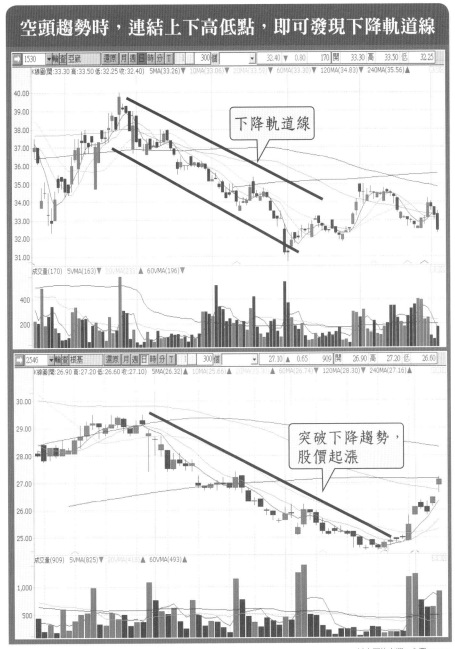

以上圖片來源：永豐e-leader

# 看懂4種缺口型態

■ 形成缺口的原因有很多，有些是市場環境因素，有些則與市場的供需強弱度有關。

缺口型態代表的是K線中沒有交易的價格區間，而形成缺口的原因有很多，有些是市場環境因素，有些則與市場的供需強弱度有關，

一般而言，可將缺口分為突破缺口、逃命缺口及竭盡缺口，就趨勢而言，突破缺口為走勢的起點，逃命缺口顯示趨勢的持續性，而竭盡缺口則代表了趨勢的停頓或結束。

## 突破缺口

突破缺口通常發生在一段價格整理區之後，當價格在交易密集區完成整理，並發生突破時，常以缺口型態顯現出來，突破缺口具有十分重要的價格訊號，

如果這個突破伴隨著大量，則可以確認這個突破是一個有效的破突，為強烈的買進訊號。而突破缺口通常不會在短時間內被填補。

## 逃命缺口

逃命缺口主要發生在價格趨勢出現筆直的走勢情況，即快速的漲勢或跌勢之中出現。

趨勢初期發動後，將呈現加速發展現象，並且伴隨著大的成交量，在這個過程中，投資人激情的買賣常會發生較大的逃逸缺口。

這也代表著巨量換手成功，確保了主升段的持續走勢，所以

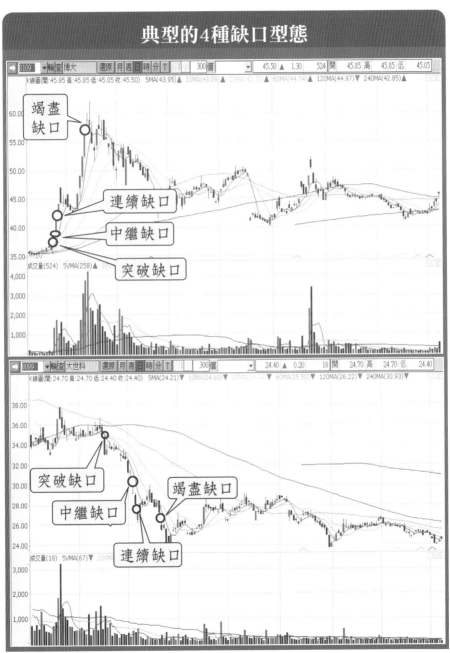

典型的4種缺口型態

以上圖片來源：永豐e-leader

就整個趨勢的長度來看，逃逸缺口透露出市場對後勢的看法，認為還會持續既有的趨勢，並且幅度會相當，如此才足以吸引一批換手量產生。

## 連續缺口

連續缺口主要發生在股票籌碼換手成功後，開始出現同一趨勢的上漲或下跌缺口。

而投資人面對連續缺口時，要仔細盯著成交量，在上漲或下跌過程中，若產生連續缺口，但是成交量卻越來越低，那麼便是買賣雙方都降低買賣的意願，這代表即將出現竭盡缺口。

## 竭盡缺口

竭盡缺口代表一個走勢的末端，趨勢力道衰竭的象徵，跳空缺口是市場力道的展現。

然而，在缺口發生後如果無後繼之力，走勢為之停頓時，則顯示這個缺口是市場的最後一道力量，之後市場已無動能再維持原有的趨勢了。因此最後成為市場動能全部耗盡的缺口，所顯示出來的意涵便暗示了市場的力道，已經可能出現竭盡態勢，趨勢反轉的可能性則大為增加。

有些財經專家會說：「缺口一定會回來回補。」對此說法，我建議投資人都是聽聽就好，畢竟缺口產生時，都代表短線趨勢是快速急漲或急跌，投資人唯有立即跟著趨勢操作才是正途。

但是若短線缺口馬上被回補封閉，那麼這缺口就可暫時沒有參考價值，基本上一個缺口若三天內沒有被回補，就可算是有效缺口。

**投資小叮嚀！**

支撐或壓力呈現在K線圖上是一個區間狀況，而不只是特定的點位。

# 逃命缺口出現，投資人不管有無賺錢都要賣出持股

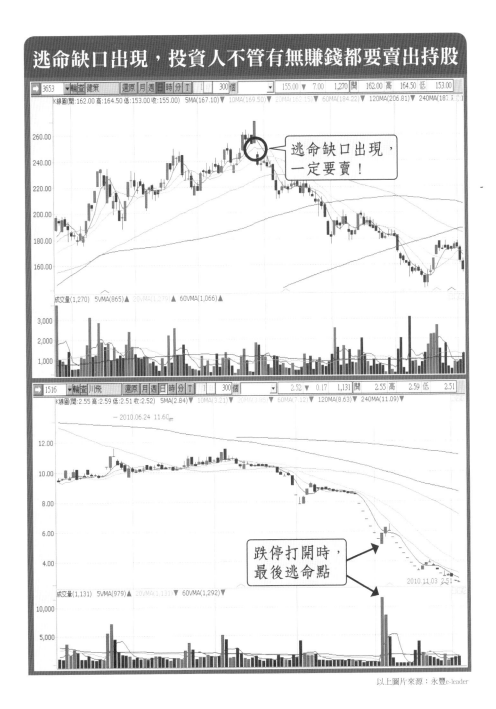

逃命缺口出現，
一定要賣！

跌停打開時，
最後逃命點

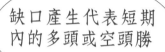

缺口產生代表短期
內的多頭或空頭勝

▶ **4個缺口的狀況**

| | |
|---|---|
| 突破缺口 | 通常發生在一段價格整理區之後，當價格在交易密集區完成整理，並發生突破時。 |
| 逃逸缺口 | 市場對後勢的看法，認為還會持續既有的趨勢，並且幅度會相當。 |
| 連續缺口 | 股票籌碼換手成功後，開始出現同一趨勢的上漲或下跌缺口。 |
| 竭盡缺口 | 市場動能全部耗盡的缺口，趨勢反轉的可能性大增。 |

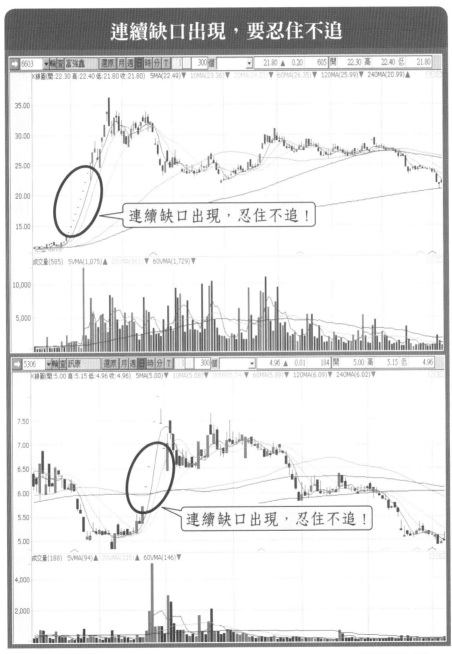

以上圖片來源：永豐e-leader

# 週線和月線的力量

■ 投資者可以從長期的趨勢研究，再來決定該檔股票是該買還是該賣。

投資股票最煩惱的一點，便是要決定現在該買還是該賣，投資人若不想到處聽名牌，想自己研究判斷，最好就是從最長期的趨勢變化開始研究，進而再來決定短期內該買進股票還是該賣。

從長期趨勢研究，再決定該買還是該賣。若是以時間長短來區分股票線圖，則可分為日線、週線、月線三種不同的線圖，分別代表三種不同的意義，適合短、中、長線的投資人來參考。

| K線 | 日線圖 | 週線圖 | 月線圖 |
|---|---|---|---|
| 意義 | 代表一天的股價變化 | 代表一週的股價變化 | 代表一個月內的股價變化 |
| 適合的投資人 | 短線投資人 | 中線投資人 | 長線投資人 |
| 優點 | 可取得5～10日之買賣點 | 可看出2～3個月的買賣時機 | 可找出2-3年的買賣時機 |
| 缺點 | 利潤少風險高 | 不易取得短線利潤 | 不易取得短線利潤 |

# 投資要以週線和月線型態來判斷較為穩健

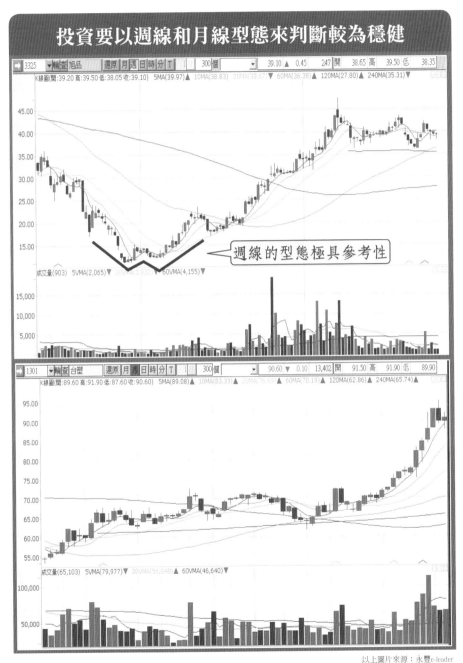

週線的型態極具參考性

以上圖片來源：永豐e-leader

# 不斷**反覆**出現的**波浪理論**

> ■ 不管是股票還是商品價格的波動，都與大自然的潮汐波浪一樣，一浪跟著一波，週而復始。

波浪理論是由一位技術分析大師所發明的，因他的名字為艾略特（R・E・Elliot），因此有時也會稱為「艾略特波浪理論」。

波浪理論是一套靠著觀察股價波動的走勢而來的。

艾略特發現，在一個完整的多頭和空頭市場中，股價漲跌會有一定的規律性，這規律性就像海水的潮汐波浪一樣規律，因此投資人若能把握住這樣的規律，自然可以順勢買進賣出，從中獲取鉅額的價差。

## 波浪理論的特色

1. 完全靠觀察而得來的規律，可用以分析股市指數、價格的走勢
2. 五波的上升趨勢可分為三個上升波以及二個修正波，三個推動波分別為第1、3及5波，而修正波則為第2及第4波。
3. 在三波下降趨勢波則分為a、b、c三波。
4. 在使用上較缺乏客觀性，因此實際上股票的價格走勢，經常是由個人主觀來解釋其起點和終點。

在上漲趨勢中，艾略特發現
會有一種3波上升、2波下降的基
本節奏，而在下跌趨勢中，則可
分為a、b、c三波。波浪理論的實
際運用其實是很主觀性的，例如
短線若是有上升波，但是拉到中
長線來看卻是下跌波，因此我在
實際運用時，還是要嚴設停損停
利點。

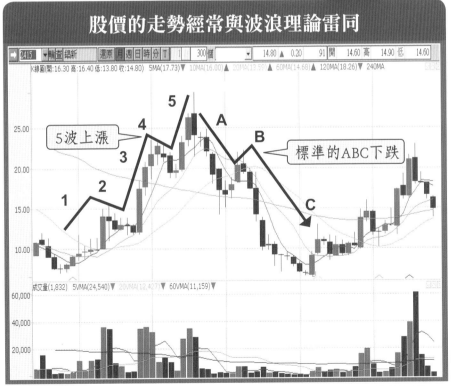

股價的走勢經常與波浪理論雷同

圖片來源：永豐e-leader

## 波浪理論的計算方式

（1）第2浪＝第1浪×0.382 or 0.5 or 0.618

（2）第3浪＝第1浪×1.382 or 1.618 or 2 or 2.5

（3）第5浪＝第1浪

（1）A浪＝整個上升波×0.236 or 0.382 or 0.5

（2）B浪＝A浪×0.5 or 0.618

（3）C浪＝A浪 或 C浪：A浪×0.618 or 1.382 or 1.618

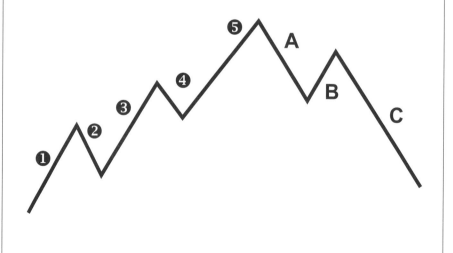

# *Chapter 3*

# 股市
# 6大技術指標

十年的投資經驗，反覆的
操作練習，讓我體會出好
用的6大技術指標。

# 投資者必須要學會的KD指標

■ 我最初學會，也是最後學會的看盤KD指標，又可以稱為標隨機指標。

　　KD指標是所有學技術分析入門者的第一項指標，我也不例外，因為KD指標簡單易懂：黃金交叉就買進，死亡交叉就賣出。所以這項指標非常容易入門，但是KD指標買賣訊號出現非常頻繁，較適合短線操作，而且要把這項指標運用自如，又是另一門大大的學問了。

## 認識KD指標

　　股價往往在投資人追高殺低下，會出現超漲超跌的現象，這個現象便可透過KD指標超過某一區間而表現出來，當指標不斷往上至高檔時，投資人去追高，超過合理價位的買進行為將使股價超漲，這便形成指標超買的訊號。

　　KD會屬於較短、中期的指標，而KD指標的運用可用到開盤價、收盤價、最高價及最低價等資訊。

　　因此KD指標對盤勢的反應會較敏銳，通常KD指標在80以上被視為超買區，KD指標在20以下則視為超賣區。

　　由於D值較K值平緩，因此當K值在超賣區向上穿越D值時，表示趨勢發生改變，為買進訊號。

　　即是一般所稱低檔交叉向上時為黃金交叉，而當K值在買超區向下跌破D值時則為賣出訊號，即是一般所稱高檔交叉向下時為死亡交叉。

當股價突破前波高點,但指標走勢低於前波高點時;或指標突破前波高點,但股價走勢卻一波波往下時,則為KD背離現象。

而在長期上漲的趨勢時,KD指標經常會在超買區高檔鈍化,亦即當指標在80以上超買區,股價卻不跌時,代表的是可能還會向上再延伸一段波段行情。

KD指標因為屬於較敏感的指標,所以買賣訊號會頻繁的出線,因此要活用KD指標最好以長天期的角度來觀察。

例如月KD指標的準確性會高於週KD指標,而週KD指標的準確性又高於日KD指標。

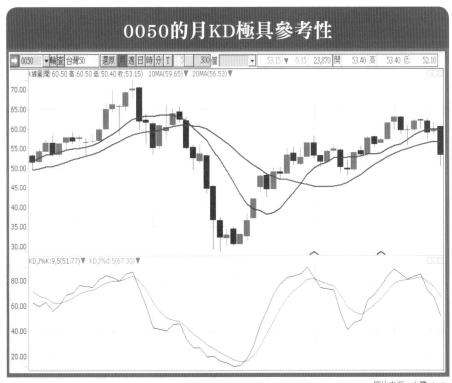

圖片來源:永豐e-leader

### 用週KD來判斷

一開始我會覺得KD指標很準，但是隨著投資年齡的增長，我發覺KD經常會有鈍化的現象，也就是說低檔黃金交叉後沒幾天，可能股價又繼續重挫，又再度死亡交叉下去。

此外，有時股價在盤整時，KD的黃金交叉還比死亡交叉的股價還高，所以我一直在學習如何改良KD指標來看盤。

後來我終於發現到，週KD交叉會比日KD交叉還來的精準，月KD則可以來觀察長期趨勢。

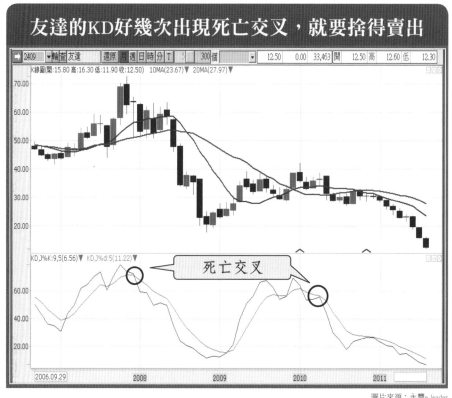

圖片來源：永豐e-leader

## KD指標的特色

1. 股價往往在投資人追高殺低下,會出現超漲超跌的
   現象,這個現象便可透過KD指標超過某一區間而表
   現出來。

2. KD指標對盤勢的反應會較敏銳,通常KD指標在80以
   上被視為超買區,KD指標在20以下則視為超賣區。

3. KD指標經常會在超買區高檔鈍化,股價卻不跌時,
   代表的是可能還會向上再延伸一段波段行情。

4. 月KD指標的準確性會高於週KD指標,而週KD指標
   的準確性又高於日KD指標KD(Stochastic Oscillator)
   簡稱為隨機指標,原名%K與%D,是在1950年時,
   由美國George C. Lane所發明的,這是一項對於股價
   高低敏感度最高,也是最常用的指標。

舉例來說，當我發覺2885元大金的週KD黃金交叉，再配合季線翻揚，當時我便閉著眼睛買在12.55元。

雖然後來經過短暫套牢，不過股價都還能夠漲回在我所買的價位附近，甚至能夠賺取後面大波段的行情，這便是週KD的妙用之處，因此KD這項指標雖然很好學，不過卻也是我最後學會運用自如的一項指標。

## 最好的賣出指標

KD之所以這麼難學會，就是它的交叉速度很快，有時候明明等了很久，好不容易等到「黃金交叉」，但是隔週就出現「死亡交叉」。這時若賣出的話，通常不僅沒賺到錢，反而是小賠，若是再一猶豫，就有可能被嚴重套牢了。

因此這麼多年來，我在運用KD指標時，通常是把它當作是「賣出指標」。主要原因就是在股票市場裡，一個完整的波段行情，上漲的時間通常比較長，而下跌卻都是又快又急。

因此既然KD指標的反應比較靈敏，那麼反而適合用來當作「最好的賣出指標」。

KD指標若有一兩次鈍化背離，投資人跟著操作小賠後，在下一次的交叉出現時，往往相信自己的判斷，結果反而錯失掉了最大的一個大波段，尤其是高檔崩跌時，不甘心停損，結果套牢後只能苦苦地等待下一次的KD黃金交叉了。

**股市小叮嚀！**

KD因為反應快速，可當成賣出指標使用。

KD死亡交叉一
定要捨得賣出。

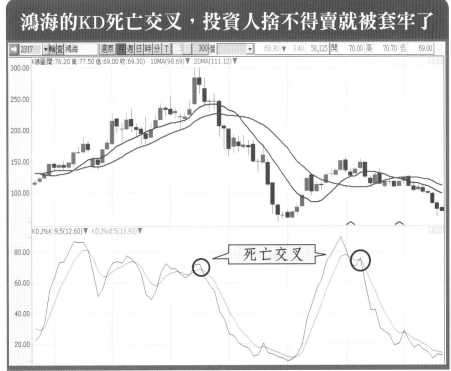

鴻海的KD死亡交叉，投資人捨不得賣就被套牢了

圖片來源：永豐金證券

# 極為普遍的MACD指標

■ 這篇要提供的是我摸索了很久才領悟到的技術指標─MACD，這指標是從移動平均線基礎上發展起來的。

MACD英文全名我們稱之為Moving Average Convergence-Divergence，簡稱為MACD，中文名為指數平滑異同移動平均線。原理是利用DIF線和MACD移動平均線的變化來作為盤勢的研判。

## 認識MACD

DIF線是屬於長天期移動平均線，屬於「較慢」的平均線，而MACD移動平均線屬於短天期移動平均線，屬於「較快」的平均線，因此MACD指標具有確認中長期波段走勢並找尋短線買賣點的功能。

當快的移動平均線（MACD）與慢的移動平均線

（DIF）二者交叉，代表的是趨勢即將反轉，因此MACD可說是確立波段趨勢的重要指標。

由於MACD是使用指數型移動平均線方式求得，因此具有時間近者給較重權值，如此更具掌握短期訊號性質，而計算過程是經過二次平滑移動平均過程所求得的值。

所以與KD指標來比較，MACD指標的趨勢確認較準確。當DIF由MACD下方往上方突破時，表示短天與長天的需求指數擴大，市場逐漸熱絡，為波段買點的確認。

反之，當DIF由MACD上方往下方跌破時，為波段賣點的確認。

由於MACD指標主要用來確認波段走勢，而非預測波段走勢，所以是屬於落後指標，假設遇到盤整區時，MACD指標所呈現的效果便不是很理想。

## 如何活用MACD

通常一般投資人會比較少去看MACD指標，原因就是因為這個指標的轉折太慢，無法達到預測股價漲跌的效益，往往MACD黃金交叉或死亡交叉時，股價都已經大漲或大跌很多了，所以頂多是用來參考，很少拿來活用。

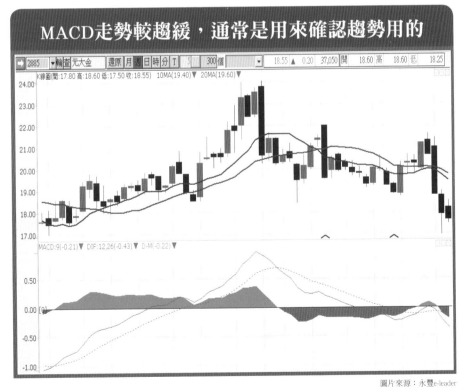

圖片來源：永豐e-leader

不過在股票市場久了，我發覺MACD慢歸慢，但是卻不失為一個觀察趨勢的好工具。

大家可能常會聽到股市高手講的：「投資要跟著趨勢走。」不過我想大家心裡應該會有個問題：「那現在的趨勢是什麼？」

MACD正可以解答這個問題，觀察MACD是走揚或走弱，就可以判斷目前的趨勢是如何，至於我用MACD這項指標，也是用週MACD來觀察。

以0050的周線為例，當初台股從九千多點崩盤時，靠著MACD出場，雖沒出在最高點，

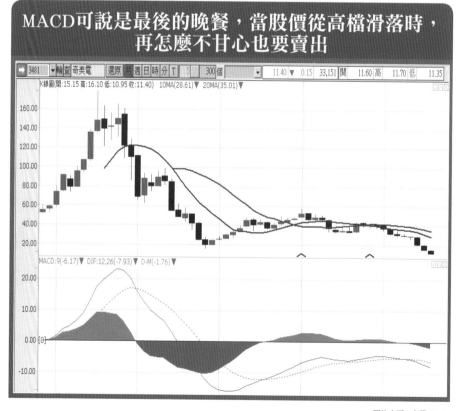

圖片來源：永豐e-leader

也能夠出在相對高點了，所以MACD我自己把它稱為「最後的晚餐」。

## 優雅的買進

我在股票市場裡有句口頭禪：「買要慢慢買，賣要快快賣。」這句口頭禪的意思就是說，在買進股票時，要分批買進，並且用非常優雅的心態來買股票，一點都不需要心急。

在賣出股票時，要一次賣出，並且要用非常謹慎的心態賣出，賣出時一點都不能猶豫。

該賣則賣，不能猶豫。

**MACD指標特色**

1.利用DIF線和MACD移動平均線的變化來作為盤勢的研判。

2.MACD指標具有確認中長期波段走勢並找尋短線買賣點的功能。

3.與KD指標來比較，MACD指標的趨勢確認較準確。

4.遇到盤整區時，MACD指標所呈現的效果便不是很理想。

由於MACD這項指標的反應比較慢，通常股價已經漲了一段後，才會出現「黃金交叉」的狀況。

但是我卻認為這反而是一項確認買點的好指標，因此底部通常都要來反覆測底，一個底部的時間短則一個月，長則會超過半年以上，因此我通常都會用MACD來當作買進指標。

至於MACD的賣出訊號雖然死亡交叉的速度較慢，但是卻是一項重要的參考指標，尤其股價從高檔開始滑落時，MACD的死叉便是一個趨勢反轉的確認點，不過MACD指標對於中小型股的精準度較不夠，主要原因是中小型股容易受到主力操控。

這些年還有些惡質主力會因為散戶努力學技術分析，因此還對一些中小型股「做線」，也就是說，故意把MACD指標做成黃金交叉，誘使散戶買進時，再大舉灌壓股價，而若想拉抬一檔小型股時，也會故意讓MACD指標死亡交叉，讓投資人嚇得賣出股票後，再開始連續拉抬股價。

因此為了避免落入主力作手的技術陷阱，我建議投資人應該以台灣五十和台灣中型100成份股的股票為投資標的，因為這些公司的股本至少都有一百億，跟中小型股只有幾十億以下的股本比起來，大型股的股價不容易被操控，因此技術線型的指標參考性也較高。

## 股市小叮嚀！

MACD的操作口訣：
「買要慢慢買，賣要快快賣。」

# MACD對確認大盤或大型股的趨勢極具參考性

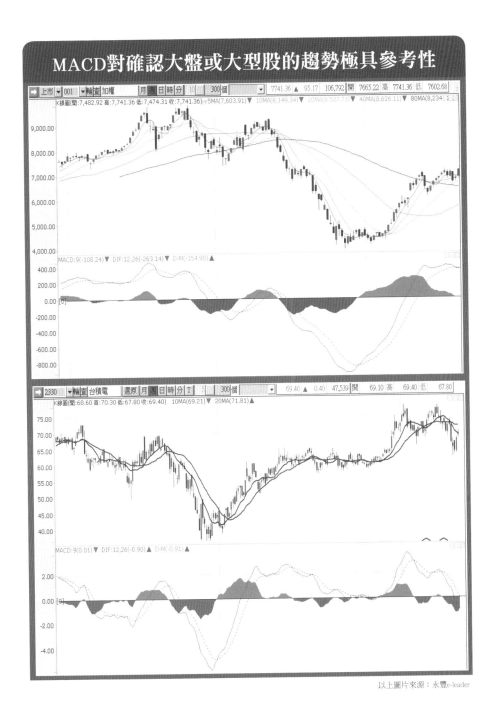

以上圖片來源：永豐e-leader

# 許多投資人愛用的 RSI指標

■ RSI指標可用來觀察W底或M頭等型態，來作為股價高低檔區的最後確認。

RSI英文名為Relative Strength Indicator，簡稱RSI，中文為相對強弱指標，原理是假設收盤價是買賣雙方力道的最終表現與結果，把上漲視為買方力道，下跌視為賣方力道。

RS代表買方力道與賣方力道的比較，即是雙方相對強度的概念，而RSI則是把相對強度的數值定義在0~100之間。

當盤勢全面連續上漲情況時，RS會趨近無限大，則RSI會趨近於100，因此當行情出現全面多頭時，會導致RSI趨近其上限100，反之，當盤勢出現全面的跌勢，RSI會趨近其下限0。因此RSI值會介在0~100間，數值越大，代表買方力道越強，數值越小，代表賣方力道越強。

若當RSI指標在50附近，代表多空力道接近，一般來說，以RSI指標70以上代表買超，RSI指標30以下代表賣超。不過在實際應用上，也可以彈性調整買超區為80或90，而賣超區為20或10。

由於RSI是一種比率的指標，因此在趨勢分析的能力上會較弱，因此在判斷波段漲跌時，比較不會用RSI指標，但是RSI卻是一個可以確認K線型態的好指標。

RSI與KD不同的是，買超與賣超的數值是不代表買賣訊號的，僅表示趨勢反轉的機率較

## RSI指標特色

1.假設收盤價是買賣雙方力道的最終表現與結果，把上漲視為買方力道，下跌視為賣方力道。

2.當行情出現全面多頭時，會導致RSI趨近其上限100，當盤勢出現全面的跌勢，RSI會趨近其下限0，因此RSI值會介在0～100間。

3.RSI指標在50附近，代表多空力道接近。

4.RSI是一種比率的指標，因此在趨勢分析的能力上會較弱，因此在判斷波段漲跌時，比較不會用RSI指標

5.RSI指標可用來觀察W底或M頭等型態，來作為股價高檔區的最後確認。

大，一般運用RSI指標可用來觀察W底或M頭等型態，來作為股價高低檔區的最後確認。

用RSI來判斷股價漲跌容易有盲點，主要原因就是多頭市場時，通常追價的買力會很強，RSI容易維持在80以上的高檔區，而空頭市場時，追殺的賣力也會很強，RSI也會快速滑落至20以下，

因此在使用RSI指標時，最好還是搭配周線圖和均線指標來輔助，別太陷入RSI的數值迷思。

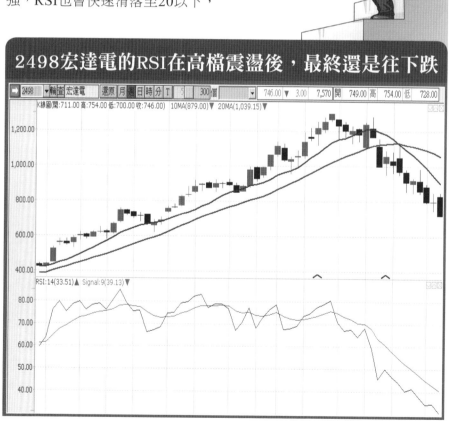

2498宏達電的RSI在高檔震盪後，最終還是往下跌

圖片來源：永豐e-leader

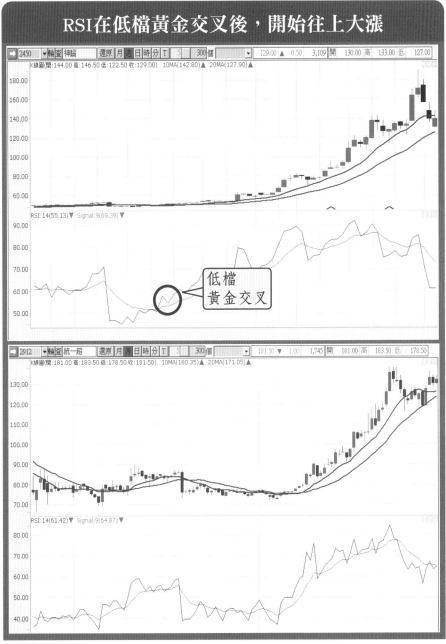

RSI在低檔黃金交叉後，開始往上大漲

低檔
黃金交叉

以上圖片來源：永豐e-leader

# 觀察成交量
# 掌握致勝先機

■ 投資人只需要把「格局放大,就會在股票市場上賺錢。」

不要期望買在最低點,但是一定要在相對低檔區買足股票,只要每一年都有15~20%的獲利幅度,就是很好的股市操作。

## 高低檔的判斷指標

很多人會根據這些量價來判斷大盤目前的位置,不過坦白說,我個人對成交量的判斷很簡單,我是以大盤的總成交量來作為高檔區和低檔區的判斷。

簡單來說,大盤成交量高於2000億時,就是長線高檔區,大盤成交量低於300億時,就是長線低檔區。因此我比較不擅長運用那八種價量關係來進出股票,反而是鎖定大盤的成交量來作為判斷的依據。

## 興奮與恐懼

美國股神巴菲特說過:「在大家悲觀時買進,在大家樂觀時賣出。」。其實這句話的意思就是,股票在低檔區時,大眾通常都會因為害怕股價還會再跌,因此都不敢買股票,

而股票在當高檔區時,由於大眾非常看好股價還會繼續再漲,因此便會紛紛搶進買股票。

成交量這項指標恰巧也會呈現出這樣微妙的關係,在低檔區時,由於大家不敢買股票,因此成交量往往極低,大約都在幾百億左右。

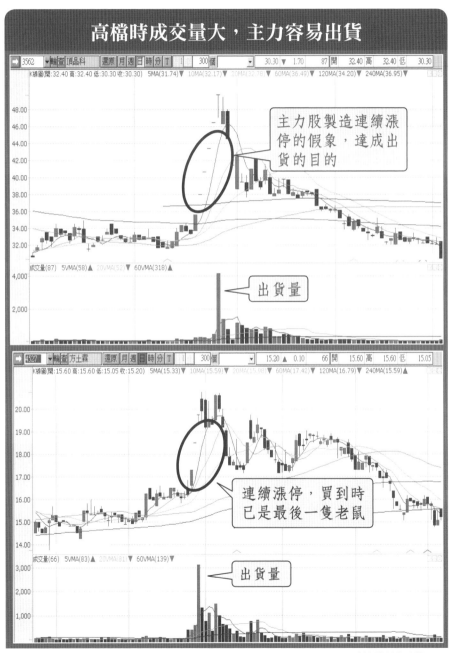

而在高檔區時，由於大家紛紛搶買股票，因此成交量往往會放很大，至少都有二千億以上，因此成交量的高低，可以確實反應出大眾心裡「興奮與恐懼」的狀態。

要從股海裡勝出，簡單來說就是要懂得判斷目前的股價是在低檔和高檔，「低檔買進股票，高檔時賣出股票」，這樣簡單的道理，許多投資人還是會做不到，主要原因就是低檔時，股票的成交量很低，代表大家都不敢買賣股票了，這時你受到周遭朋友的影響，自然也不敢買進。

當股票回到高檔時，成交量熱絡，代表許多人開始在股票短進短出，並且還賺到錢，這時你看到別人從股市輕鬆賺到錢，於是終於提起勇氣把資金投入股市。

殊不知你就成為股市崩盤前，最後的一隻老鼠了，像這樣的錯誤投資人總是無法克服，關鍵還是在無法控制自己內心的恐懼和貪婪，因此投資人學了這麼多的技術分析，最重要的自己的心理素質也要跟著提升才行。

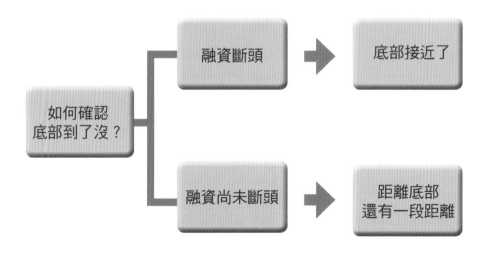

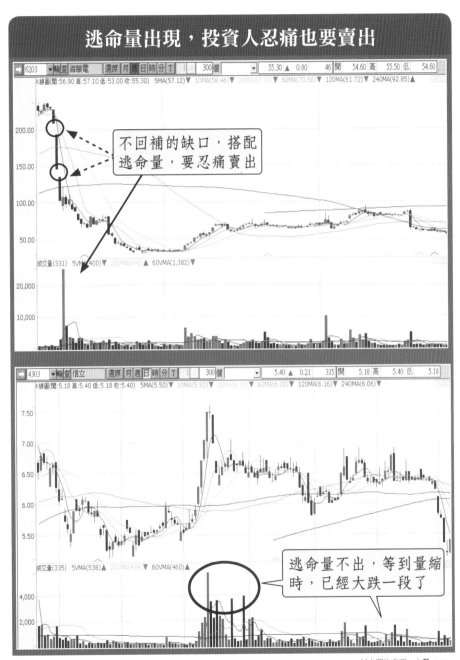

以上圖片來源：永豐e-leader

# 了解**季線**

■ 我們可以藉由「季線」這項指標，可以讓自己知道趨勢是走多或走空。

這其中我是比較不看股票新聞的，我想是因為我以前從事過記者的工作，知道股票的新聞，其實都是非常落後的指標。因此看了有時反而讓自己去鑽牛角尖，況且以上5項指標就已經夠我每天去分析了，因此不必再去看一大堆沒用的新聞。

這5項指標裡，我最重視的是「季線」這項指標。而其中最主要的原因就是可以讓自己知道趨勢是走多或走空，至於我是如何運用季線來看盤呢？

## 不輕易翻多

舉例來說，若大盤突破季線，我並不會馬上翻多，原因就是季線並不會馬上翻揚，而且通常每天還是以幾十點的速度下滑，因此即使短線站上季線，我還是不會輕易出手。

除非大盤溫吞地再漲回季線之上，並且季線開始翻揚向上，我才會開始準備做多，所以我在觀察季線時，主要是以「翻揚」、「走平」、「下滑」的方式來看。

## 跌破就賣出

季線所代表的涵義是近三個月投資人的買進成本，若是跌破季線，代表的是近三個月買股票的人，都遭到套牢。因此假設若股價在今天跌破季線，那麼我會毫不猶豫地賣出股票，無論股票有沒有賺錢，我都會賣出。

當然，有些投資專家會建
議跌破季線先不用急著賣出，可
以等到反彈回季線附近時再賣，
到時候賣出的價格會比較好，的
確，這個建議是很中肯，不過有
個重大問題，若是沒有反彈的
話，那該怎麼辦？

若是股價沒有反彈，直接
往下猛跌的話，那麼你的股票市

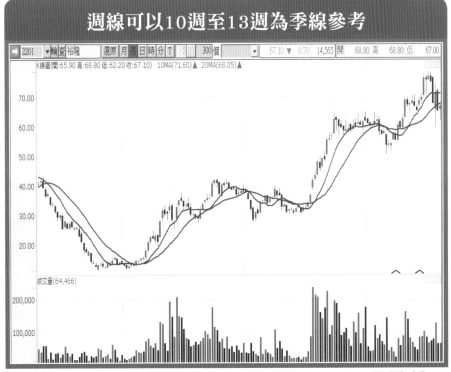

圖片來源：永豐e-leader

值將會快速萎縮，等到跌了50％時，在那時候賣出的話，將會虧很多錢，所以你也不會想賣了。

而很多股票是崩盤後，從此不會回到高檔區，因此這也是很多投資人長期套牢的原因。

## 參數設定

季線的參數設定一般來說，可用日線分為72日線、60日線、55日線這三種，當然再投資市場越久，你會越有自己的投資看法，所以你也可以自設自己喜歡的參數，像我自己常用的是用周線參數設為10為季線、參數20為半年線。

要特別注意的是，盤整盤時，季線通常為橫向走勢，這時若股價跌破季線，一定要趕緊賣出。

融資買股票時，一定要嚴設停損，以免最終遭至證券商斷頭，季線很像是股市裡的馬其諾防線，無論你季線設為多少參數，都要嚴守操作紀律，股價跌破季線時，就閉著眼睛賣出，漲破季線時，就大膽追價。

季線由於是重要的參考指標，因此在上漲或下跌遇到季線時，就會有相對應的支撐與壓力。

例如在上漲時遇到季線，很可能代表的是空頭反彈格局，季線成為上漲的壓力線，下跌時遇到季線，則有支撐的效果，因此多空遇到季線時，通常都會上上下下交戰一段時日，最終可觀察季線的斜率是上升還是下降，來判斷未來的股價走勢。

## 股市小叮嚀！

季線可當成是股市的「馬奇諾防線」。

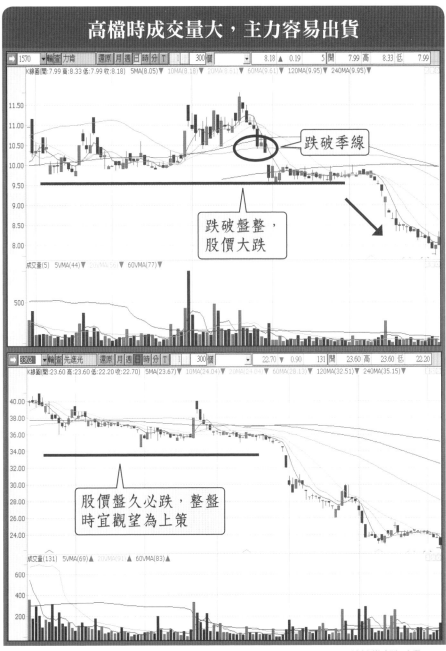

以上圖片來源：永豐e-leader

 # 什麼是**融資餘額**

■ 假設散戶作錯股票的機率超過九成，那麼反過來看，若是跟散戶對作，那麼做對的機率不就超過九成？！

所謂融資就是和證券公司借錢買股票，依法律規定，上市公司借六成資金，所以投資人只要付四成資金，一般來說股價在低檔融資餘額增加，代表大家看好這支未來發展。

但是股價卻不一定會馬上漲，融資餘額可以配合成交量來觀察，若是成交量伴隨著融資餘額增加，那代表投信主力的資金都在這檔股票裡，這檔個股也比較高容易成為熱門股。

因此假設你的股齡在三年以下，那麼你可能會不太在意「融資融券」的變動，反而會專心在研究技術線型，但是若是你的股齡超過五年，甚至在十年以上，

那麼我相信這樣的投資人一定會每天關心融資融券的變動。

因為外資投信無法很輕易地用融資融券來買賣，而中實戶用融資融券的也不多。加上他們手上的資金都在上億元以上，他們在意的是穩定獲利，而不是槓桿操作。

融資餘額簡單來說，就是可以代表散戶進場的狀況，若是融資持續上升，那麼代表散戶進場積極。若是融券持續攀高，也代表散戶對後市極度悲觀。

但是大家都知道在股票市場有一句話：「十個散戶作股票，有九個會賠錢。」

所以假設散戶作錯股票的機率超過九成，那麼反過來看，若是跟散戶對作，那麼做對的機率不就超過九成？！因此散戶最會用來操作的融資融券，就可以成為一項反指標。

這雖然對廣大的投資人很殘酷，但是股票市場本來就是個無情世界，它只管走它的路，而不會管你是散戶、投信還是外資。

## 如何觀察
## 融資融券的變化

簡單來說，若是融資餘額高於2000億以上時，那麼我的心態就是準備隨時出清股票，而若融券餘額越接近100萬張上下時，我就會在中線上偏多，但是這只是個大約判斷數字，而不是絕對數字。

例如前幾年融資餘額高達3000億，大盤也照漲了一大段後才崩盤，而2009年的4月份融券未達百萬張，但是大盤照樣狂嘎空頭一千多點，因此不能只單純用融資融券這項指標，來做為進出的依據，這項指標只能看大趨勢的變化，絕對不能用來做短線。

融資餘額增加代表有主力默默吸籌碼鎖起來，將來股價一旦發動將一發不可收拾，但是這項觀察指標比較適合小型股，因為大型股的股本太大，融資餘額所佔的比例很少，因此大型股的融資餘額就比較不具短線的參考性。

**股市小叮嚀！**

融資買股票時，一定要嚴設停損，以免最終遭至證券商斷頭。

融券代表投資人跟證券公司借股票來賣，所以融券餘額增加代表有人看壞這支股票未來的行情，但不代表這些投資人是對的，很有可能看錯而成為嘎空行情，但是也有特定主力看壞股票，而特意用融券去打壓股票或聯合炒作都是投資人不可不防的。

若看到融資餘額和融券餘額同步上漲，如果說股價也同時上漲，代表融資的力量大於融券的力量，因為融資是借錢買股票，融券是借股票來賣，照理來說應該會相互抵消。

但是如果呈現上漲，表示賣出融券被買盤力道給超越，將來如果股價持續上漲，空方會因為保證金關係強制回補，而演變一段噴出行情。

反之，如果股價下跌融資餘額過高，反而會因為斷頭而被賣出，容易成為多殺局面而變成崩盤情形，融資融券關係其實不

難理解，尤其若是以大盤的角度來觀察融資融券，更可以得到印證。

如圖所示，一個完整的多頭和空頭行情，可以用八個階段融資融券與股價的變化來觀察。第一階段的多頭行情，總在融資斷頭的時候產生，這時也是所有散戶最恐慌的時候，股價呈現破底的狀態，這時也是證券公司發出追繳令的時刻。

在第二階段時，股價開始緩慢上漲，但是散戶已經被嚇怕了，所以.融資繼續下跌，而代表放空的融券繼續上升，這是因為看空的人認為股價還會大跌。

在第三階段時，由於股價開始大漲，因此散戶的信心又回來了，所以融資開始上升，但是看空的不認輸，想等跌的時候再回補空單，所以融券也繼續上升。

在第四階段時，股價進入末升段，所有散戶都陷入狂熱的狀

態，認為股價會再大漲，融資呈現急遽上升，而放空的融券賠了大錢，於是開始認賠出場。

第五階段時，由於股價呈現創新高，所以代表空方的融券在這時被斷頭出場，這時由於所有的散戶都賺到錢，再把賺來的錢投入股市，所以融資繼續上升。

在第六階段時，股價開始崩盤大跌，而這是散戶不肯認輸，不只把之前賺來的錢投入，還去借錢來投資，代表空方的融券由於怕股價再創新高，所以也回補空單，造成融券跟著下跌。

在第七階段時，股價繼續大跌，這時散戶已經沒有錢加碼

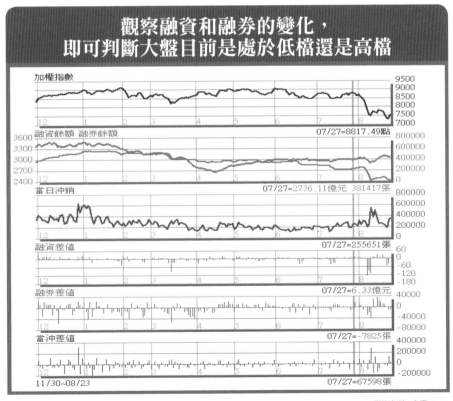

圖片來源：永豐e-leader

125

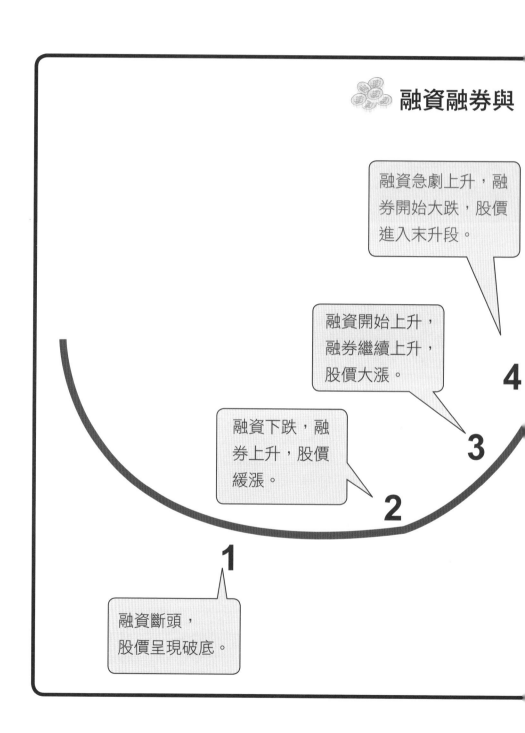

融資融券與

融資急劇上升，融券開始大跌，股價進入末升段。

4

融資開始上升，融券繼續上升，股價大漲。

3

融資下跌，融券上升，股價緩漲。

2

1

融資斷頭，股價呈現破底。

# 股價的8個階段

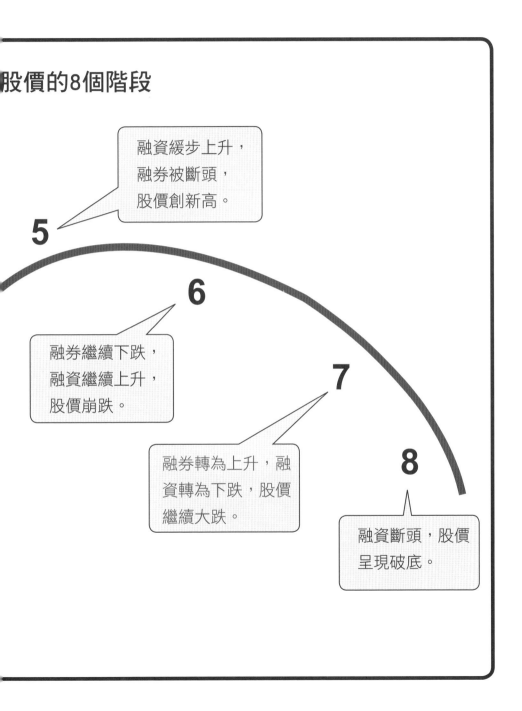

5
融資緩步上升，
融券被斷頭，
股價創新高。

6
融券繼續下跌，
融資繼續上升，
股價崩跌。

7
融券轉為上升，融
資轉為下跌，股價
繼續大跌。

8
融資斷頭，股價
呈現破底。

了，而有些人開始認賠殺出，所以融資開始轉為下跌，而空單的融券開始獲利，所以融券轉為上升。

第八階段就是第一階段，也就是融資被追繳，股價呈現破底的狀態，融資融券與股價成為一個完整的波段循環。

因此若是以融資融券的角度來觀察買賣點時，投資人應該是在第一階段，也就是所有人都在恐慌賣出股票時，開始買進股票。而在二、三、四階段時續抱股票，在第五階段時，所有人都在歡呼股價創新高時賣出股票，在六和七階段時，則是耐心等待股價落底。

底部進場，不贏也難。

# *Chapter 4*

# 股市新手
# 基本功

股市投資絕對不能聽信小
道消息，一定要自己實實
在在地學習基本功，才能
在詭譎多變的股海裡無往
不利。

# 在**不景氣**時**翻身致富**

> ■ 我們目前正身處在貧富差距最大的時代裡，但是我們沒有悲觀的權利，只有選擇致富的義務。

最壞的時代，也是最好的時代。作家狄更斯在《雙城記》（Tale of Two Cities）裡形容法國大革命：「那是最好的時代，也是最壞的時代；是智慧的時代，也是愚蠢的時代；是信仰的時代，也懷疑的時代；是光明的季節，也是黑暗的季節；是充滿希望的春天，也是令人絕望的冬天；我們的前途擁有一切，我們的前途一無所有；我們正走向天堂，我們也走向地獄—總之，那個時代和現在是如此的相像，以至於它最喧鬧的一些專家，不論說好說壞，都堅持只能用最高級的形容詞來描述它。」

的確，我們目前正身處在貧富差距最大的時代裡，但是我們沒有悲觀的權利，只有選擇致富的義務。

我們不能選擇持續抱怨社會、抱怨政府、抱怨老闆……我們必須改變自己的態度與想法，抱怨的工作就留給報章媒體去監督。

身為平民老百姓，我們必須要在這最壞的時代裡，打造

出屬於自己最好的時代。既然在可預見的未來裡，每個人都將被簡單歸類為富人和窮人，那麼我們就必須從現在開始選擇致富工具，那麼就算以後無法當上家財萬貫的富人，至少在退休時存下一筆養老金，不用在為食衣住行所煩憂。

### 窮人的三大優勢：靈活、槓桿、時間

窮人雖然可投資的資金較少，但是卻能把劣勢換為優勢，富人的投資資金動輒上千萬，因此必須講求低風險的資產配置，每年可賺取個6％至10％的報酬率，對富人來說就可滿足。

而窮人的可投資資金一般都在幾十萬左右，因此可以靈活投資在高風險高報酬的商品上，就算賠光了，也只是幾十萬而已，很容易再賺回來，而

若看對一次趨勢，窮人的資金可以呈現倍數翻，讓自己快速脫離貧窮。

金融槓桿是窮人可翻身的致富工具，舉凡選擇權、期貨、融資都可讓自己的資金放大好幾倍來投資。只是要成功運用金融槓桿來致富，必須要擁有豐富的投資經驗，甚至要賠過好幾次錢之後才能夠學會。但是只要能夠學會槓桿投資，即使手上只有幾萬元，都可以在短期內賺到上百萬。

### 某財經網上的投資達人有句座右銘：「不輸＋時間＝一定贏。」

或許以財富的角度來衡量，很多有錢人富可敵國，但是不管他們再怎麼有錢，富人跟窮人一樣，每天都只有24小時可運用，而且很多富人拚

131

了一輩子經濟，結果到了老年時，反而羨慕起年輕人擁有許多時間可運用。

因此若你是非常年輕的窮人，那麼恭喜你，你擁有了許多時間可以理財，而這些時間，是任何有錢人都無法跟你購買的。

股市致富真的是一條既困難又快速的道路。

困難的是你必須一直在股市裡努力用功學習，累積許多失敗的經驗，而當機會來臨時，你還必須擁有充足的現金，進而在股市每一段的高低起伏裡，不斷累積自己的財富，最終達至財務自由。

是的，「財務自由」便是我想寫這本書的使命，我想告訴大家不只要在職場上持續努力工作，還必須要抽空學習股票投資，如此才能讓自己不會落入貧窮的族群，將來有一天還可以不用上班，就讓錢自己流進口袋裡。

股市小叮嚀！

不輸＋時間＝一定贏

| | 用小錢滾大錢 | | |
|---|---|---|---|
| | 每月投資，年報酬率設定為10% | | |
| 年期 | 3,000 | 5,000 | 10,000 |
| 5年 | 232,066 | 386,776 | 780,824 |
| 10年 | 613,129 | 1,021,882 | 2,065,520 |
| 20年 | 2,266,324 | 3,777,206 | 7,656,969 |
| 30年 | 6,723,872 | 11,206,454 | 22,793,253 |

 # 基本面與技術面

■ 技術面是投資人最快可上手的股市操作，因為只要看懂K線圖，
再根據技術指標來買賣，就可以輕易地成為股市操盤手。

　　金庸小說裡的《笑傲江湖》是我非常喜歡的一部武俠小說，小說裡的華山派因為內部爭鬥的關係，使得華山派的武功被分為「氣宗」和「劍宗」，兩者之不同在於華山派弟子的武功修練方向。

## 基本面VS技術面

　　劍宗強調劍法招術的熟稔活用，以氣輔劍，代表功夫是「獨孤九劍」，氣宗剛好顛倒，以劍輔氣，強調氣為主劍為輔，代表功夫則是「獨孤九劍」則是紫霞神功，《笑傲江湖》的主角令狐沖本來是以修

行氣宗為主，但是後來因傷關係，全身內力殆盡。這時剛好遇到劍宗太師叔風清揚，得蒙傳承「劍魔」獨孤求敗的絕學獨孤九劍，從此即使令狐沖沒有內力，依然可以高超的劍術笑傲江湖。

　　無獨有偶的，在股票市場裡的投資策略也分為兩派，一派為基本面分析，一派為技術面分析，跟華山派「氣宗」和「劍宗」一樣。

　　基本面分析者和技術面分析者經常是看不對眼的，都各

自認為自己的股市分析方法才是對的。

　　基本面分析者注重財部報表的變化，因此每月公司一公布營收時，便是觀察是否財務面出了問題，每年的季報、半年報、年報的公告時刻，更是一點都不能錯過。更有甚者，還會拼命探聽公司的內部人員，希望可以得知最新的接單消息，進而掌握住最新的基本面變化。

　　《笑傲江湖》裡的令狐沖，即使學成了獨孤九劍，後來還是因緣得到龐大的內力，使得自己的武功不斷精進。

　　本書雖是以技術面分析的角度，來探討股價漲跌與技術指標間的關係，但是我並不否定基本面的分析方式，甚至在完成此書之後，我的下一本書即使以財報的分析當主軸。因為我認為基本面和技術面兩者是可以相輔相成的，投資人若想從詭譎多變的股市裡勝出，一定要在基本面和技術面兩方面持續學習，如此才能在股市裡大賺小賠，最後獲得自己夢想中的財富。

## 投資小叮嚀！

把投資股市當成自己開公司，做判斷時自然會小心謹慎。

## 最快速入門的股市操作

技術面是投資人最快可上手的股市操作，因為只要看懂K線圖，再根據技術指標來買賣，就可以輕易地成為股市操盤手。

相對於看懂財務報表來說，股市技術面方便又簡單，從小孩到老人都可輕易學會，只是看似容易入門的技術面，離獲利還是有段距離，主要的原因就是技術指標容易鈍化。

而且若處在盤整區間時，技術指標的準確性更趨近於零，因此若是完全照著指標進出，光是買賣的手續費就夠驚人了。

即使如此，技術指標對於大趨勢的關鍵轉折點還是有一定參考性，最大的好處是可以避開股價大波段的下跌。

舉例來說，我在2011年4月7日《蘋果日報》財經版看到斗大的標題：上季每股估賺17元，宏達電站上1,200元。為了紀念宏達電站上千元，我還留有當初的剪報如下：

資料來源：蘋果日報

## 基本面與技術面的多空因素表

| | 項目 | 利多因素 | 利空因素 |
|---|---|---|---|
| 基本面 | 國內外景氣環境 | 轉好、繁榮 | 轉壞、蕭條 |
| | 投資開放程度 | 採取自由經濟政策 | 採取保護主義政策 |
| | 原物料價格 | 原物料價格下跌 | 原物料價格上漲 |
| | 工資升降 | 基本工資下跌 | 基本工資上升 |
| | 產品價格 | 售價上漲，獲利上升 | 售價下跌、毛利下降 |
| | 營收業績 | 屢創新高 | 逐漸衰退 |
| | 匯率 | 台幣升值、進口廠商受惠 | 台幣升值，出口廠商匯兌損失 |
| 技術面 | 技術指標 | 黃金交叉 | 死亡交叉 |
| | 量價關係 | 價漲量增 | 創新天量，股價反向下跌 |
| | 股價型態 | 底部成形，季線上升 | 頭部成形，季線下降 |

若是以基本面來看，當時報章媒體一致看好宏達電的業績將會大成長。

因為宏達電當時繳出了非常漂亮的財務報表，沒有任何理由和跡象看壞它，不過若以技術面來看，宏達電在2011年4月29日股價站上最高點1300點後，周K棒開始節節下跌。

2011年5月20日週KD和週MACD同步死亡交叉，6月10日時，10週平均線跌破20週平均線結果股價就呈現大跌小漲走勢。

整整跌了一整年，到了2012年8月22日時，宏達電當日收盤價只剩下252元，整整跌了一千塊還有找。

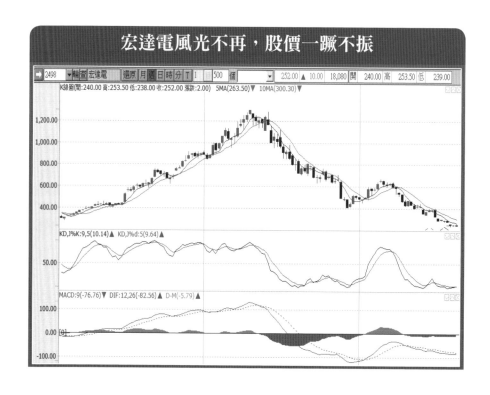

 自己**繪製K線圖**

■ K線圖是技術分析使用最多的圖像類型，它反應了一段時間內，多方和空方的買賣差距，並以柱狀圖呈現，分別代表了開盤價、收盤價、最高價、最低價的狀況。

　　K線圖的畫法可分為美國式柱狀和日本式柱狀，美國式柱狀只標註最高價、最低價和收盤價。

　　而日本式柱狀則是要標註開盤價、收盤價、最高價和最低價，若收盤價比開盤價高，通常以紅色呈現，若收盤價比開盤價低，通常以黑色呈現（本書以黑色呈現）。

| 美國式K線圖 | 日本式紅K線圖 | 日本式黑K線圖 |
|---|---|---|
| 最高<br>收盤<br><br>開盤<br>最低 | 最高<br>收盤價<br>開盤價<br>最低 | 最高<br>開盤價<br>收盤價<br>最低 |

## 八種常見的K線符號

| 圖示 | 說明 |
|---|---|
| 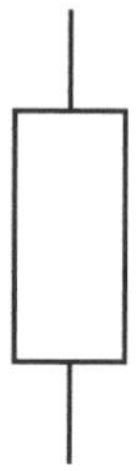 | **紅K（陽線）**<br>股價之收盤價高於開盤價，通常以紅色表示，市場慣稱「收紅」（本書以白色表示）。 |
| | **黑K（陰線）**<br>股價之收盤價低於開盤價，通常以黑色表示，市場慣稱「收黑」。 |
| 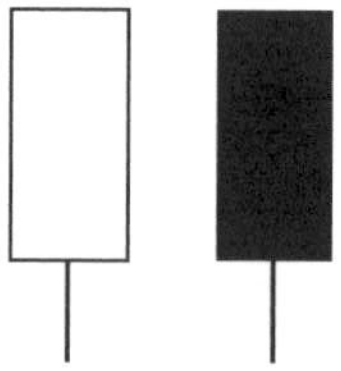 | **帶下影線的紅K或黑K**<br>不論是紅K棒還是黑K棒，如果你在它的下方看到一條細線，這條細線即稱為下影線。下影線愈長，表示買方的力道愈強。 |
| 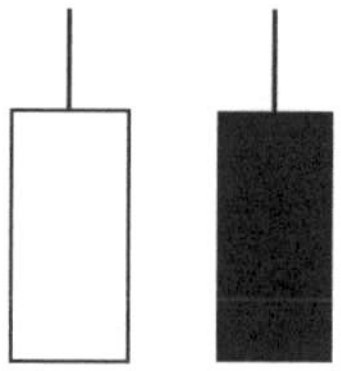 | **帶上影線的紅K或黑K**<br>同理，如果你在K棒的上方看到一條細線，這條細線即稱為上影線。上影線愈長，表示賣方的力道愈強。 |

| | |
|---|---|
| | **無上下影線的紅K或黑K**<br>並不是每一個K棒都一定會有上、下影線，如果碰到沒有上下影線的紅K棒，意味著開盤價即為當天股價之最低價，收盤價為最高價，顯示當天買盤的力道非常強勁；而無上下影線的黑K棒，意即開盤價為當天之最高價，收盤價為最低價，顯示賣壓沈重，當天買進這支股票的投資人全部都賠錢。 |
| | **十字線**<br>如果出現十字線，即代表當天之開盤價等於收盤價，通常意味著股價出現變盤的訊號，至於是變好或是變壞，可以從上影線與下影線的長度來判斷多空力道的強弱。 |
| | **一字線**<br>如果出現一字線，代表著當天股價從頭到尾都是一個價位，所以沒有上下影線，通常只有在跳空漲停或跌停時，才會出現，因此，也代表著投資人極度看好或看壞這支股票。 |
| | **T字線、倒T字線**<br>T字線代表著開盤價不但是收盤價，同時也是當天的最高價，意味著這檔股票雖然在盤中一度下跌，但下跌時買盤強勁，最後將股價推升到最高點；而倒T字線剛好相反，意即股價一度上揚，但上揚時卻碰到沈重的賣壓，最後把股價跌過到起點，因此，後續表現下跌的機率頗高。 |

## 紅K與黑K的畫法

K線最早是日本德川幕府時代大阪的米商用來記錄當時一天、一周或一月中米價漲跌行情的圖示法，後來則被引入股市。

據傳現今的K線圖為日本江戶時代的大米商本間宗久所發明，用來記錄每日的米市行情，當時稱為「蠟燭足（日語：ローソク足）」。

將某段時間內的各單位時間下的K線綜合起來便可繪出「K線圖」，其橫軸為時間，縱軸為價格，右頁兩張圖即是紅K與黑K的畫法，當天收盤價若高於開盤價，則可畫成紅K，當天收盤價若低於開盤價，則可畫成黑K。

新手投資人一定要先練習自己畫每日的K線圖，雖然現今的看盤軟體非常發達，但是透過自己動手畫K線圖，久而久之可以鍛鍊出「盤感」，也是就是對於股價波動的敏感度。

本間宗久後來歸納出78種不同變化的K線圖，統整為「78大酒田戰法」，可說是股市技術分析的祖師爺，這套戰法一直沿用至今，歷久不衰，可說是技術分析的經典。

## 投資小叮嚀！

透過自己動手畫K線圖，久而久之可以鍛鍊出「盤感」。

# 紅K與黑K的畫法

## 當天收盤價若高於開盤價，以紅K線表示

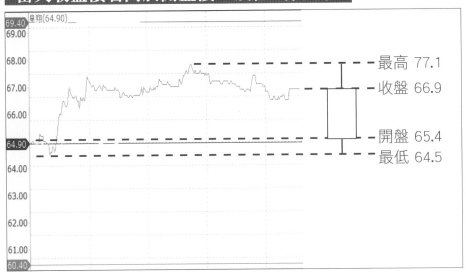

最高 77.1
收盤 66.9
開盤 65.4
最低 64.5

## 當天收盤價若低於開盤價，以黑K線表示

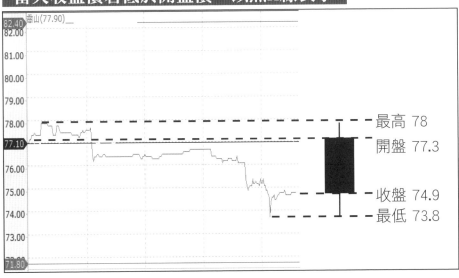

最高 78
開盤 77.3
收盤 74.9
最低 73.8

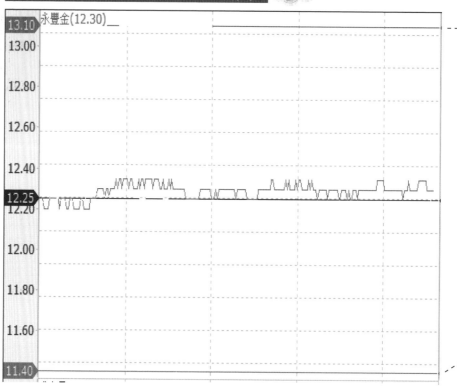

## 2012年8月23日永豐金江波圖

## 日線、週線、月線的形成

　　每日股價的江波圖將會成為一個紅K或黑K，將每日將波圖集合而成，則形成日線圖，週K線是指以週一的開盤價，週五的收盤價，全周最高價和全周最低價來畫的K線圖。

　　月K線則以一個月的第一個交易日的開盤價，最後一個交易日的收盤價和全月最高價與全月最低價來畫的K線圖。

## 將每日江波圖畫為紅K或黑K，則形成日線圖

## 將每7日的漲跌起伏畫為紅K或黑K，則形成週線圖

## 將每4週的漲跌起伏畫為紅K或黑K，則形成月線圖

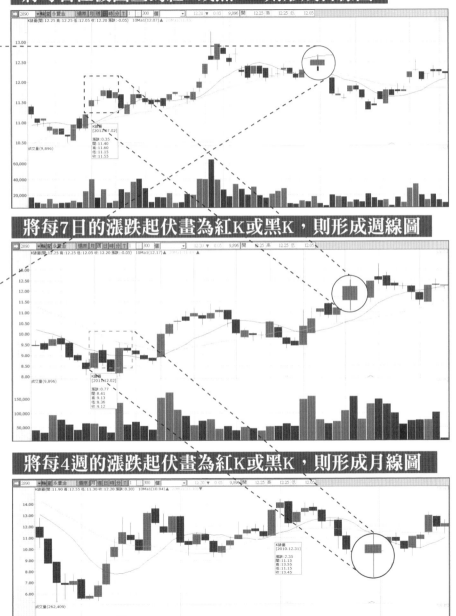

# 技術分析的投資策略

■ 投資人若照著指標買賣的話，往往被多空兩頭巴，而要提高勝率的方法，即是把觀察的週期再拉長。

若你是股市新手，那麼一定要了解技術面與股票之間的關係。

## 供需關係

一家公司財報上的淨值是由資產負債表上得來的，但是每天股票漲跌的價格，代表著投資者對這家公司短期內的價值走向，例如一家公司的淨值是90元，照理來說股價合理價格應該為90元。

若投資人對這家公司的未來看好，造成買盤不斷進駐，股價便會節節上升，股價有可能漲至180元、270元、360元……。

只要買方的力道持續高過賣方，那麼股價的漲勢就不會中斷，反之，若賣方的力道高過買方，那麼這家公司即使淨值為90元，也有可能股價會腰斬再腰斬，這便是技術分析裡最注重的股票「供需關係」。

價量關係是從股票供需關係所衍伸出來的技術分析，在多頭走勢時，多方不斷買進造成成交量持續上升，也推動股價持續上漲。

在空頭走勢中，空方不斷賣出和觀望，使得成交量持續萎縮，也會使得股價欲振乏力，持續往下探底。投資人要學會技術分析的第一課，便是要搞懂成交量與股價之間的關係。

## 投資人的心理

從技術面不只可以看出股市目前處於歷史低檔區或歷史高檔區，更可以從中發掘出投資人的心理狀態。

舉例來說，2007年5月時，當時我在某家證券商看盤，那時整個營業大廳擠滿了人，甚至還有一位媽媽帶著約10歲左右小孩子來教他如何看盤。

看到這畫面令我想到了華爾街傳說中的「擦鞋童理論」。當時大盤股價節節上升，正來到了近10年的高檔區，投資人的心理也充滿了貪婪，幾乎所有人都認為大盤即將漲破萬點。

但是我從成交量來看，當時每日的成交量都在1800至2000億之間，甚至有幾天的單日成交量還突破3000億，以技術面來說，這已經是成交量過熱的警訊。

果然後來2007年底美國爆發了金融海嘯，從2008年5月開始，全球股市面臨大修正，台灣股民的萬點夢終於醒了。

到了2009年初，台股從9859點跌至3955點後，每日成交量非常低迷，有很多天都低於400億，這代表許多投資人不只賠錢和套牢，有更多人因此而離開股市，不想在買賣股票了。

147

但從技術面來看，這時的股價已經跌至10年來的低檔區，在4000點以下買進是一個風險極低的投資，果然大盤後來出現報復性上漲。

從2009年的4000點低檔區，一直漲至2010年的9000點高檔區，從股價的技術面來判斷投資人的心理面，由此得到最好的印證。

## 漲跌趨勢

把一段時期內的股票加以平均計算後，可以得知這段期間內買賣股票的人平均成本，再觀察不同時期的平均成本走勢，推斷投資人的投資操作，

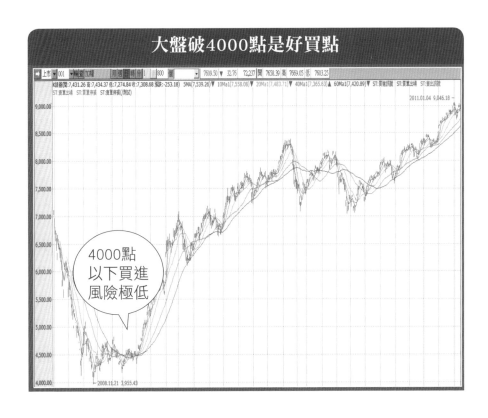

進而可以得知未來一段時期股價的漲跌趨勢。

舉例來說，20日的移動平均線稱為月線，60日的移動平均線稱為季線，當月線走勢往上突破季線時稱為「黃金交叉」，代表股價未來將會有一段漲勢，反之當月線跌破季線時稱為「死亡交叉」，代表股價即將展開一段跌勢。

以上三種是最基本的判斷股價趨勢的方法，但是在操作實務上卻是複雜許多，尤其遇到盤整區間時，技術指標往往

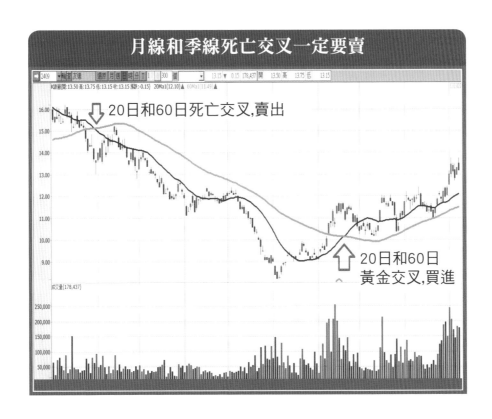

今天出現「黃金交叉」，隔天又出現「死亡交叉」。這時投資人若照著指標買賣的話，往往被多空兩頭巴，而要提高勝率的方法，即是把觀察的週期再拉長。

以K線圖來說，日線圖因為計算天期較短，因此指標經常出現「黃金交叉」或「死亡交叉」。但是若拉長至周線圖或月線圖，那麼往往在好幾周甚至好幾月內，指標才會出現交叉。這時投資人便可以久久來判斷一次買賣，不只大大降低頻繁交易的成本，更可以大幅提高獲利的機率。

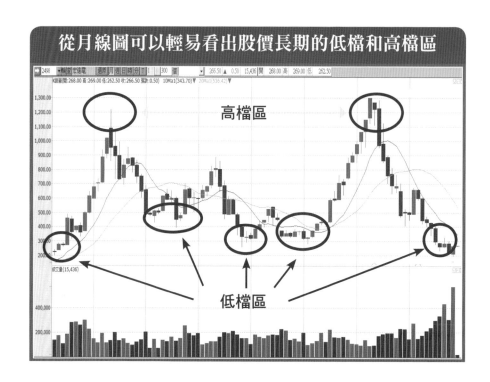

從月線圖可以輕易看出股價長期的低檔和高檔區

# *Chapter 5*

# 新手一定要有的
# 投資觀念

股市投資絕對不能聽信小
道消息，一定要自己實實
在在地學習基本功，才能
在詭譎多變的股海裡無往
不利。

# 關鍵在牛市或熊市

■ 唯有判斷好股市的大趨勢，進而才是選擇投資的股票。

很多股市新手一剛進股市，會認為買進大型績優股比較安全，不只公司不會倒閉，而且投資報酬率還比定存高，在股市處於牛市時，的確股市的投資報酬率非常亮眼，但是若股市處於熊市時，不管是買到多績優的公司，照樣跌了5成還有5成，跌完一倍還有一倍。

## 浩子和小鋒

2010年時，因為工作的關係，我必須採訪兩位財務狀況相反的人物來做對照，一位叫浩子，他在2008年金融海嘯時，由於在台北股市9000點時融資買進股票，跌至7000點時以為跌夠了，因此再度跟朋友借錢攤平，而一路又撐到5000點，融資已經快斷頭。

浩子認為從9000點跌至5000點已經將近腰斬，說什麼也不願就此認輸離場，因此再去根銀行借了信貸補融資維持率，結果台北股市那一波最低跌至3955點，他也在4100點時融資斷頭出場，而他不僅把本金全部賠光，而且倒欠了親友和銀行共計860萬元，採訪的時候講到這段，他一個大男人

也不禁咬著嘴唇，並留下了兩行淚說：「我這一輩子就只能靠工作還債了，其他都不敢想了。」

　　同樣的2008年時間點，另一位採訪對象小鋒也是在9000點融資買進股票，但他在股市跌破8000點時，就咬牙停損出場，他也是賠了30多萬，但是他一路抱現金至大盤低檔區，在2009年2月台北股市在4200點時重新進場買股，最後不只把賠掉的30萬賺回來，而且把他的本金翻了3倍，他提到這段財富翻倍的經歷，簡單的做了個小心得：「好險我懂得技術分析，在股市高檔季線下彎時就停損出場，在低檔季線翻揚時就勇敢進場。」

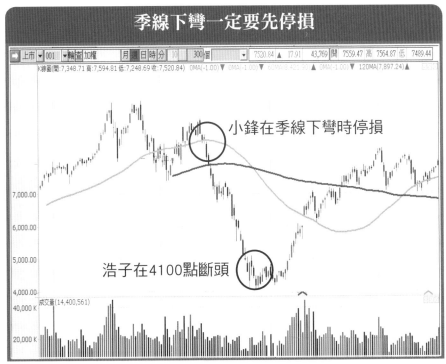

季線下彎一定要先停損

小鋒在季線下彎時停損

浩子在4100點斷頭

圖片來源：永豐金證券

同樣的時間點，同樣的在高檔融資買進股票，不同的是浩子不懂得股市技術面，最終賠掉了終身財富。

但是好在他才30幾歲，人生還很長，他還有很長的時間可以反敗為勝，而小鋒因為會研究股市技術面，因此可以在這一波崩盤中，不僅全身而退，而且最後還讓自己的財富翻倍。

有鑑於此，身為財經媒體工作者，我認為必須要告訴大眾一個事實：「股市成功的關鍵在於判斷現在是牛市還是熊市。」

唯有判斷好股市的大趨勢，進而才是選擇投資的股票，而大趨勢的判斷最簡單也是最快的方式，就是研究股市的技術面，透過每一個技術指標的翻紅或翻黑、黃金交叉或死亡交叉、支撐或壓力關卡等指標來幫助你判斷，目前股市是高風險還是低風險投資。

唯有如此，長期下來才能像小鋒一樣在股市裡大賺小賠，即使遇到百年出現一次的金融大海嘯，依然可以用技術面反敗為勝。

## 股市小叮嚀！

股市成功的關鍵在於判斷現在是牛市還是熊市。

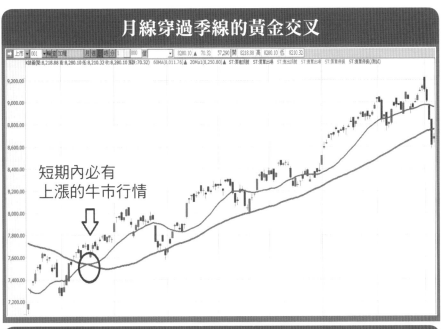

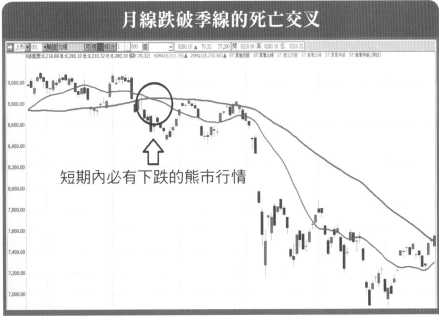

# 崩盤時如何因應

■ 股神巴菲特的操盤心法：「眾人悲觀時買進，眾人樂觀時賣出。」

2011年8月6日各大報紙都刊登了以下的新聞報導

> 2011/08/04美股崩跌引發全球股災，2011/08/05台股開盤急殺逾350點，盤中逾千檔股票跌停，終場大跌464.14點，收7853.13點，計882檔股票跌停，指數單日跌幅達5.58%，居全球主要股市之冠，更創下2008年11月6日金融海嘯以來最大跌幅紀錄。
>
> 節自各大報新聞

從這新聞中，我看到了一個關鍵數字：融資餘額單日減少129.32億。看到這數字，又令我回想起從1995年至今的許多許多事件：兩國論、921、網路泡沫、911、SARS、兩顆子彈、金融海嘯……

每一次的大事件過後，都讓許多融資投資的朋友慘賠出場，因此我經常跟周遭親戚朋友說：「不要用融資。」

但是許多人只要嚐過了融資賺錢的甜頭，就像上癮了一樣無法放手，一直要等到股災

發生時，才發現「那只是一場
遊戲一場夢」。那麼我在每次
的崩盤過後，會如何動作呢？

通常股市崩盤過後，大部
分的股票都會漲，只是漲多漲
少問題，但是誰也不知下一波
的主流股在哪。因此我就先以
買指數型基金也是就是ETF來
試單。

## 逆轉勝5步驟

但是不是股票一崩跌完，
我就會馬上進場佈局ETF，基
本上我還會遵循5個步驟來投
資，這5步驟經過多次多空循環
的試驗，每一次都讓我虧損的
部位反敗為勝為獲利，因此我
便簡單取個「逆轉勝5步驟」的
名字，給大家做參考了。

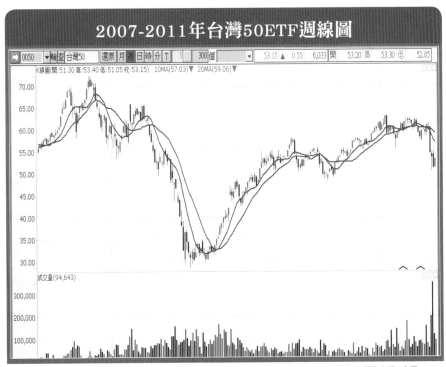

圖片來源：永豐e-leader

1.盡量籌現金，有多少現金就準備多少。

當一把刀子落下時，不要立即在空中伸手去接刀子，寧願等它落地之後，再好整以暇的彎腰撿起，股市在下跌時也是如此，若是股市正在下跌中，那麼唯有保持現金才是上上之策，無論是停損賣股、存錢、借錢等方式，要盡量讓自己的戶頭多留一些現金，如此以後才有本錢東山再起。

2.大盤量縮至500億以下，開始進場佈局。

股市在高檔時，通常成交量非常大，以台北股市為例，在9000點左右時的成交量，都有接近1800億至2000億，因此當大盤開始崩跌時，在高檔

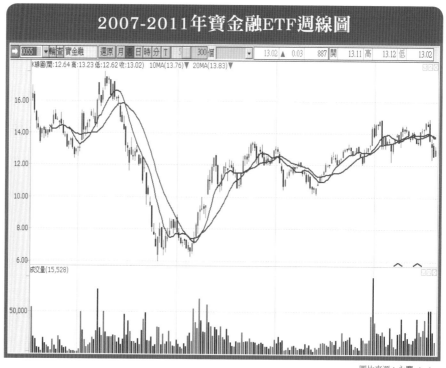

圖片來源：永豐e-leader

這麼大的成交量要瘋狂賣出，肯定成交量至少會有1000億左右，而其他剩餘的1000億資金，則是不願意賣出，而持續套牢在高檔。

因此，投資人要從容進場的時間點，最好就是觀察成交量是高檔的三分之一時，也就是說，若高檔成交量在1800億左右，那麼低檔的成交量就在600億，而我因為更保守，所以會在減為500億為確認進場的成交量。

### 3.第一次進場佈局先鎖定ETF，再轉進個股。

ETF跟股票的交易方式一樣，可以透過任何合法股票經紀商來進行買賣，也可以信用交易。

而相對於一般基金經理人的主動式管理而言，ETF是屬於被動式管理，可以減少經理人更換而造成投組不穩定之風險狀況。

當大盤量縮至500億左右時，我會進場布局台灣五十EFT，代號為0050，而若我看好後市的主流類股為金融股，我還會多佈局一檔寶來金融ETF，代號為0055。

通常我買進後，ETF應還會隨著大盤震盪，這時就要密切觀察大盤的季線有無要翻揚的跡象，若是大盤的季線翻揚，那麼就可以停利賣出EFT，準備開始轉進看好的個股。

### 4.個股選高殖利率股票

大盤穩定後，季線也呈現翻揚，這是我便會選一些高殖利率股票，類別會特別鎖定金融股和傳產股，原因是這類型

的股票不像高科技的產品日新月異，以金融股來說，今年賣的金融產品，明年甚至十年後賣的都一樣，因此可估的未來獲利也會較穩定。

### 5.持股抱牢

買好了個股，接下來便是最難的部分了，那就是「等待」，投資要成功就是要有耐心，尤其選的若是高殖利率的股票，那麼就不要把「賺差價」放在心上，而是要以領每年的股息股利為主。

就經驗法則來說，從低檔買進股票後，至少要等6個月至9個月，股票才會見到回升，因此這段時間就請耐心等待吧。

### 投資小叮嚀

ETF英文原文為Exchange Traded Funds，中文稱為「指數股票型證券投資信託基金」，簡稱為「指數股票型基金」，ETF即是一籃子的股票組合，將這組合予以證券化，由於指數係衡量某一特定市場漲跌趨勢之指標，因此稱為指數證券化，投資人類似自己當基金經理人，用股票權益的受益憑證來間接投資。

# *Postscript*

## 後 記

股市底部有它的特殊現
象，投資人只要敢在這時
候買進，一定能在股市裡
賺大錢。

股市底部有它的特殊現象，投資人只要敢在這時候買進，一定能在股市裡大賺。

我自己整理出了10個底部現象的指標，給大家作參考，希望給大家要決定進場買股前一個參考。

## 1．融資斷頭

股市從高檔跌下來時，通常散戶們會不甘心賣出，並且會逢低加碼攤平，結果股價一路下跌，造成最後沒有錢再攤平時，這時候若是用融資買進的投資人，便會面臨股票斷頭的下場。

說來也殘酷，通常當有融資斷頭時，這時代表股票的籌碼漸漸洗淨，市場上沒有零亂的籌碼後，這時只要有一點點的買盤，便容易造成股價的上漲。因此筆者經常勸投資人別用融資買股票，最大的原因就在於用現股買的話，可以用時間換取空間，不會因股價的崩盤，而讓自己從此無法翻身。

## 2．利空新聞不斷

股價跌到一定的程度時，這時的報章雜誌，一定會開始找股價崩盤的原因，這時候的新聞報導，便會充滿「買股票是有風險的」、「股市還會再崩盤」、「現金為王」……等等利空消息。

我有個朋友在2008年底，把他多年定期定額的基金贖回，理由是他看新聞說還會有第二次金融風暴，因此趁基金還有點小賺趕緊贖回。

但是全球卻在2009年初開始，展開一段超級大反彈，而且第二次金融風暴到目前筆者寫這篇文章時，都還沒有發生，我那位朋友因此悔恨不已，稱自己被新聞媒體所誤導了。

## 3．親戚朋友決定死心永遠離開股市

當親戚朋友在股市裡賠了一大筆錢時，便會開始警告週遭

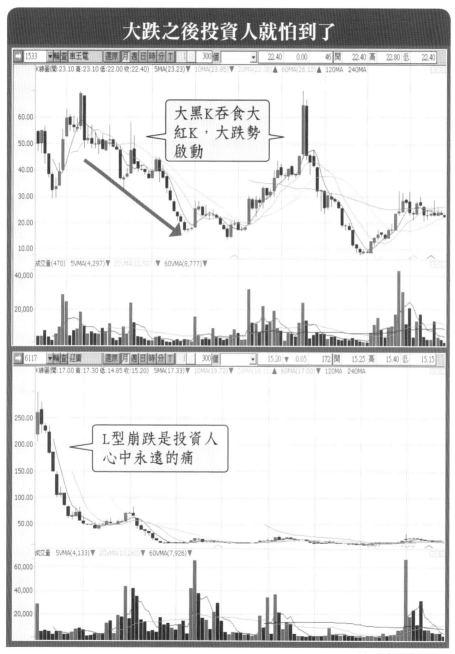

以上圖片來源：永豐e-leader

的人千萬不要買股票，因為那實在太有風險了，殊不知他們會賠錢的原因，都是因為在高檔大買股票，跌下來又不肯停損賣出，等到跌到谷底了，自然財產大縮水。

因此，通常當親戚朋友對股市灰心，決定要永遠離開股市時，這時便要趕緊勇敢地進場，因為這時候大部分的投資人就像親戚朋友一樣的心態，所以這時候的股市籌碼最穩定，在這個時段買進的風險絕對是最低的。

## 公司財報虧損連連

公司股價會下跌，想當然基本面的營收和獲利也不會很好看，因此在底部時，公司的財報都是慘不忍睹，若是有請記者去問公司老闆對未來景氣的看法，老闆們也是人，自然對未來也不會有太樂觀的預期。

不過我認為股價卻是領先在公司發布財報前就崩跌了，因此公司發布財報時，頂多是用來解釋之前股價下跌的理由，而若假設公司的財報跌至谷底，那麼代表的是將來會一季一季的慢慢回升，因此股價也因此會開始上揚。

## 5.窒息量100至200億

股價崩盤後，自然沒有人敢買股票，既然買股票的人少了，想賣股票的人之前也賣的差不多了，因此留在市場上的只剩下說什麼也不賣股票的投資人，市場上沒有買盤也沒有賣盤，這時候的成交量自然很少，有時候甚至只有100至200億的成交量，一般我們稱這樣的成交量為「窒息量」。通常窒息量出現後，這時若有一點點的買盤，那麼股價很容易上漲。

原因很簡單，就是當想買的人比想賣的人多時，任何一件商品價格就會上漲，這個例子我們可以從各大拍賣會上看到，因此當窒息量出現時，這時候千萬別退出股市，反而更應該勇敢進場。

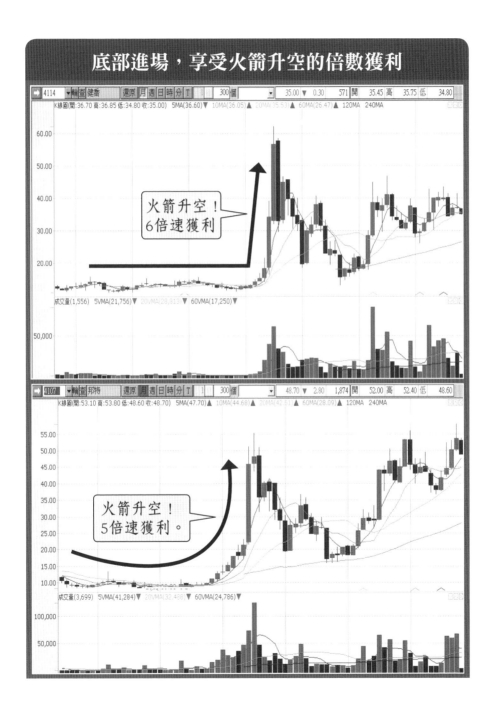

底部進場，享受火箭升空的倍數獲利

## 6.當日超過400檔以上跌停鎖死

會在當日發生這麼多檔跌停鎖死，想賣都無法賣出的股票，通常都是在大盤剛開始崩盤時，而若是在一陣子崩盤過後，還發生上百檔跌停鎖死的股票，那麼通常代表底部還未見到，但是卻有可能即將見到底部。

因為若在大盤已經跌了上千點以上，還發生當日上百檔跌停無法賣出的狀況，那麼這通常都是末跌段的訊號，大膽一點的投資人可以採取「大跌大買、小跌小買」的策略，而保守一點的投資人，則可以繼續等待進場。

## 7.新聞雜誌開始報導有人放空賺大錢

新聞雜誌無論在股市多頭和空頭時，都會去找所謂的「賺錢專家」，股市在多頭時，他們會找買到飆股的一些投資人，在空頭時，他們會去找「放空股票」賺錢的投資人。

因為這些媒體最主要的目的，是為了提高自己的收視率和銷售業績，所以往往參考價值極低，反而經常在他們報導過後沒幾天，大盤就開始反轉向上，例如某雜誌封面標題為「下看2000點」時，那麼底部通常也都已經見到了。

## 8.定存創新高

股票在底部時，沒有人敢買股票，這時候大家會發現好像只有定存比較安全，因此在底部區時，整個定存的金額一定是創新高的，但是這卻是股價已經落底的重要訊號。

這些定存資金，通常都是以後股票在高檔時，投資人發現股市可以賺到錢，才又紛紛解定存買股票，所以假設看到報紙頭條「定存創新高」，這時千萬記得要反市場心理去思考，趕緊進場買股票佈局。另外，在底部時基金公司會要投資人買債券型基金，但這卻是基金族加碼股票型基金的關鍵時刻。

## 9. 政府護盤失靈，股價續狂跌

一般大盤在下跌時，投資人都會希望政府的國安基金趕快進場護盤，可是通常國安基金進場後，頂多漲個幾天，又會繼續再大跌下去。因此「政府護盤失靈」這項指標，有點類似「當日超過400檔以上跌停鎖死」的指標一樣，都是底部即將見到的訊號，但是卻還是需要一段時間。

### 10大底部現象

1. 融資斷頭。

2. 利空新聞不斷。

3. 親戚朋友決定死心永遠離開股市。

4. 公司財報虧損連連。

5. 窒息量100至200億。

6. 超過400檔以上跌停鎖死。

7. 新聞雜誌開始報導有人放空賺大錢。

8. 定存創新高。

9. 政府護盤失靈，股價續狂跌。

10. 修水電的工人，開始喊出這個盤下看2000點。

## 10. 修水電的工人，
開始喊出這個盤下看
2000點

在2008年底時，有一天我發現我家的天花板漏水，結果發現是水管破裂，因此我找水電工人來修水管，

在與他聊天過程中，當他發現我是財經作家時，他跟我說他認為這個盤下看2000點，而當時大盤指數從9000多點跌至4100點左右。

我姑且不論這位水電工人的股票經驗如何，但是若當一位非財經專業的人，跟你說他看這個盤下看至多少時，那麼代表這個盤的底部已經開始浮現了，果然後來在2009年初，全世界的股市出現大暴漲，我也再一次印證這樣的想法。

當大家悲觀時，就是財神爺要你買股票的時候。

# *Appendix*

# 附　錄

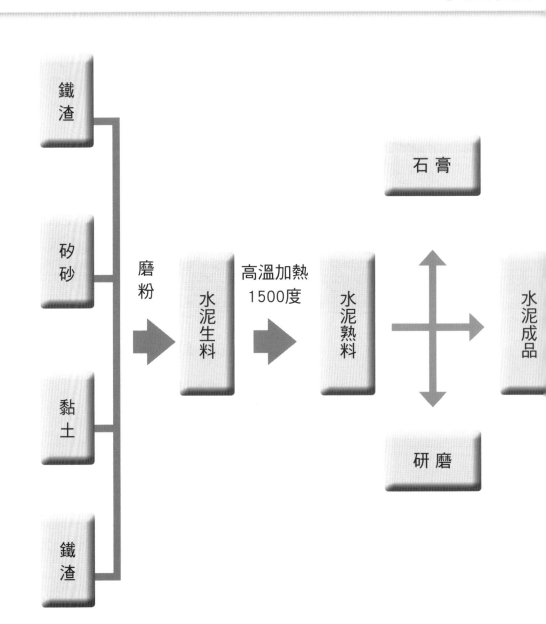

# 業關聯圖

| | | |
|---|---|---|
| **營建業** | 石灰石 | 台泥 (1101) 亞泥 (1102) 嘉泥 (1103) |
| | 水泥熟料 | 台泥 (1101) 亞泥 (1102) 嘉泥 (1103) |
| **公共工程國防建設** | 研磨 | 和桐 (1714) 幸福 (1108) 建國 (5515) |
| | 石膏 | 環泥 (1104) |
| **水泥製品業，如水泥磚、石綿瓦、石綿板等** | 水泥成品 | 台泥 (1101) 亞泥 (1102) 嘉泥 (1103) 環泥 (1104) 建台 (1107) 幸福 (1108) 信大 (1109) 東南 (1110) |
| | 水泥製品業 | 全坤興 (2509) 國產 (2504) |
| **預拌混凝土** | 預拌混凝土 | 台泥 (1101) 亞泥 (1102) 環泥 (1104) 建國 (5515) 國產 (2504) |

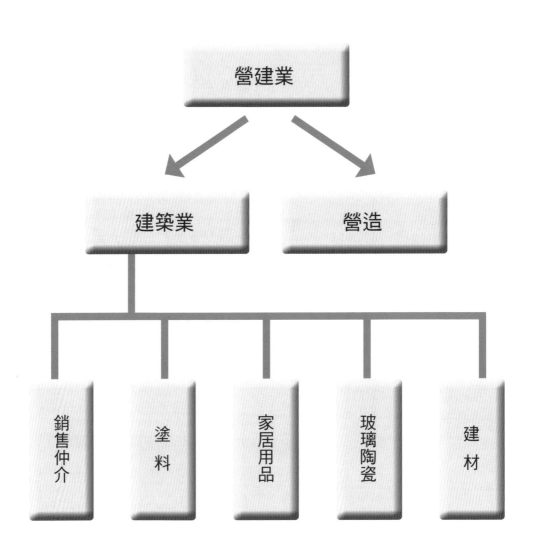

# 業關聯圖

| | |
|---|---|
| 營造 | 中工 (2515)　達欣工 (2535)　新建 (2516)　基泰 (6402)<br>宏都 (5523)　工信 (5521)　中鼎 (9933)　根基 (2546)<br>長鴻 (5506)　欣陸 (3703)　潤弘 (2597) |
| 建築業 | 日勝生 (2547)　長虹 (5534)　基泰 (2538)<br>興富發 (2542)　鄉林 (5531)　遠雄 (5522)<br>宏　普 (2526)　宏盛 (2534)　華固 (2548)<br>皇　翔 (2545)　國建 (2501)　京城 (2524)<br>國　揚 (2505)　全坤建 (2509)　理銘 (6212) |
| 建材 | 永大 (1507)　青鋼 (8930)　崇友 (4506)<br>正峰新 (1538)　森鉅 (8942)<br>中釉 (1809)　慶豐富 (9935) |
| 玻璃陶瓷 | 台玻 (1802)　冠軍 (1806) |
| 家居用品 | 和成 (1810)　櫻花 (9911)　成霖 (9934)<br>新麗 (9944)　福興 (9924)　慶豐富 (9935)<br>中電 (1611) |
| 塗料 | 永記 (1726)　上緯 (4733) |
| 銷售仲介 | 信義 (9940) |

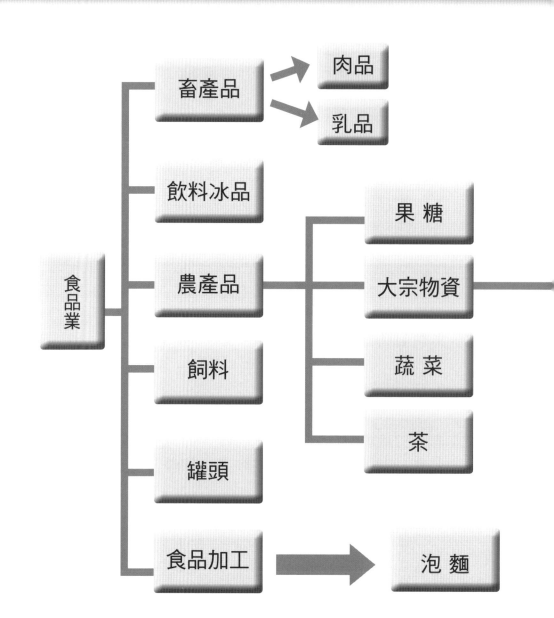

# 業關聯圖

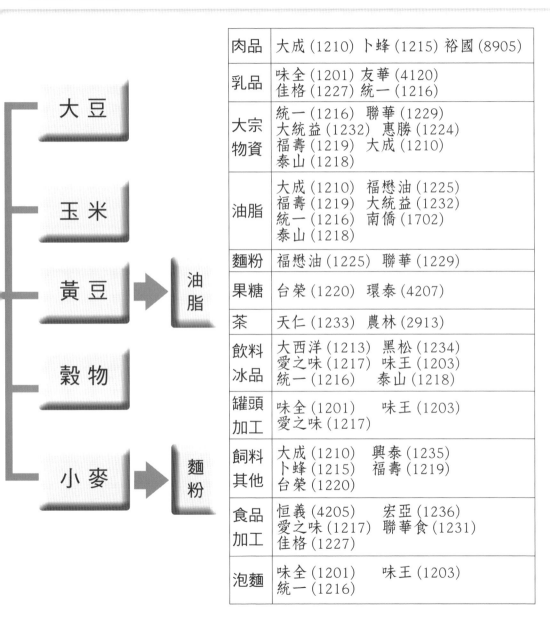

| | |
|---|---|
| 肉品 | 大成 (1210) 卜蜂 (1215) 裕國 (8905) |
| 乳品 | 味全 (1201) 友華 (4120)<br>佳格 (1227) 統一 (1216) |
| 大宗<br>物資 | 統一 (1216) 聯華 (1229)<br>大統益 (1232) 惠勝 (1224)<br>福壽 (1219) 大成 (1210)<br>泰山 (1218) |
| 油脂 | 大成 (1210) 福懋油 (1225)<br>福壽 (1219) 大統益 (1232)<br>統一 (1216) 南僑 (1702)<br>泰山 (1218) |
| 麵粉 | 福懋油 (1225) 聯華 (1229) |
| 果糖 | 台榮 (1220) 環泰 (4207) |
| 茶 | 天仁 (1233) 農林 (2913) |
| 飲料<br>冰品 | 大西洋 (1213) 黑松 (1234)<br>愛之味 (1217) 味王 (1203)<br>統一 (1216) 泰山 (1218) |
| 罐頭<br>加工 | 味全 (1201) 味王 (1203)<br>愛之味 (1217) |
| 飼料<br>其他 | 大成 (1210) 興泰 (1235)<br>卜蜂 (1215) 福壽 (1219)<br>台榮 (1220) |
| 食品<br>加工 | 恒義 (4205) 宏亞 (1236)<br>愛之味 (1217) 聯華食 (1231)<br>佳格 (1227) |
| 泡麵 | 味全 (1201) 味王 (1203)<br>統一 (1216) |

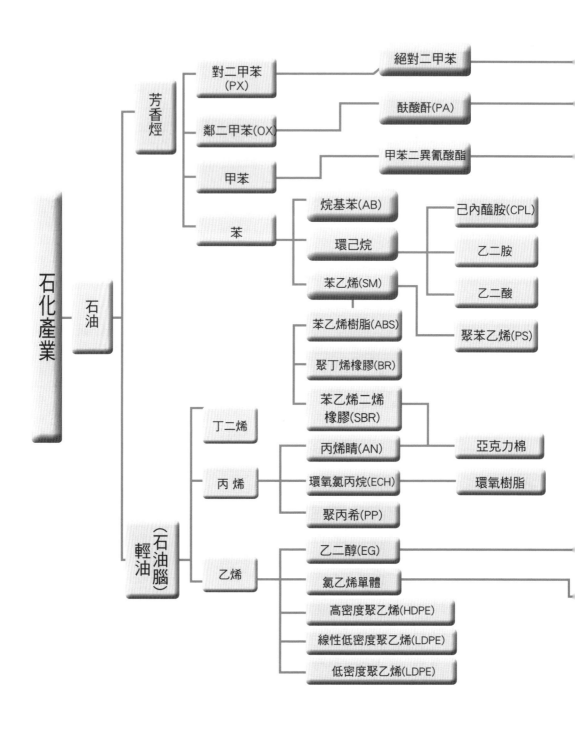

聚酯纖維

異辛醇(2-EH)

可塑劑(DOP)

不飽和聚酯樹脂(UP)

聚尿樹脂

PU合成皮

聚乙烯纖維、抗凍劑

聚氯乙烯(PVC)

塑膠皮布（管、板、鞋）

| 品名 | 廠商 |
|---|---|
| 芳香烴 | 台化 (1326) |
| 苯 | 中碳 (1723)　台苯 (1310)　台化 (1326) |
| 絕對二甲苯 | 台化 (1326)　中美和 (4702) |
| 酥酸酐 (PA) | 南亞 (1303)　聯成 (1313) |
| 甲苯二異氰酸酯 | 南亞 (1303) |
| 環己烷 | 台苯 (1310)　國喬 (1312)　台化 (1326) |
| 苯乙烯 (SM) | 台苯 (1310)　國喬 (1312)　台化 (1326) |
| 烷基苯 (AB) | 和益 (1709) |
| 聚苯乙烯 (PS) | 台達化 (1309)　台化 (1326) |
| 不飽和聚酯樹脂 (UP) | 長興 (1717)　永純 (4711)　大立高 (4716) |
| PU 樹脂 | 永捷 (4714)　三晃 (1721)　日勝化 (1735) |
| PU 合成皮 | 三芳 (1307)　上曜 (1316)　大洋 (1321)　信立 (4303) |
| 異辛醇 (2-EH) | 南亞 (1303) |
| 可塑劑 (DOP) | 南亞 (1303)　聯成 (1313) |
| 丁二烯 | 台塑化 (6505) |
| 丙烯晴 - 丁二烯 - 苯乙烯樹脂 (ABS) | 台達化 (1309)　國喬 (1312)　台化 (1326) |
| 聚丁烯橡膠 (BR) | 台橡 (2103)　榮化 (1704) |
| 苯乙烯二烯橡膠 (SBR) | 台橡 (2103) |
| 丙烯 | 台塑化 (6505) |
| 丙烯晴 (AN) | 台塑 (1301)　中石化 (1314) |
| 環氧氯丙烷 (ECH) | 台塑 (1301) |
| 聚丙希 (PP) | 福聚 (1311)　台化 (1326)　榮化 (1704) |
| 環氧樹脂 | 南亞 (1303)　長興 (1717) |
| 亞克力棉 | 台塑 (1301)　東華 (1418) |
| 乙烯 | 台塑化 (6505) |
| 乙二醇 (EG) | 東聯 (1710)　中纖 (1718)　南亞 (1303) |
| 氯乙烯單體 | 台塑 (1301) |
| 高密度聚乙烯 (HDPE) | 台塑 (1301)　台聚 (1304) |
| 低密度聚乙烯 (LDPE) | 台塑 (1301)　台聚 (1304)　亞聚 (1308) |
| 聚氯乙烯 (PVC) | 台塑 (1301)　華夏 (1305)　大洋 (1321)　台聚 (1304) |
| 線性低密度聚乙烯 (LDPE) | 台塑 (1301)　台聚 (1304) |
| 聚乙烯纖維、抗凍劑 | 中纖 (1718) |
| 塑膠皮布 ( 管 . 板 . 鞋 ) | 南亞 (1303)　華夏 (1305)　大洋 (1321) |

**紡織業**

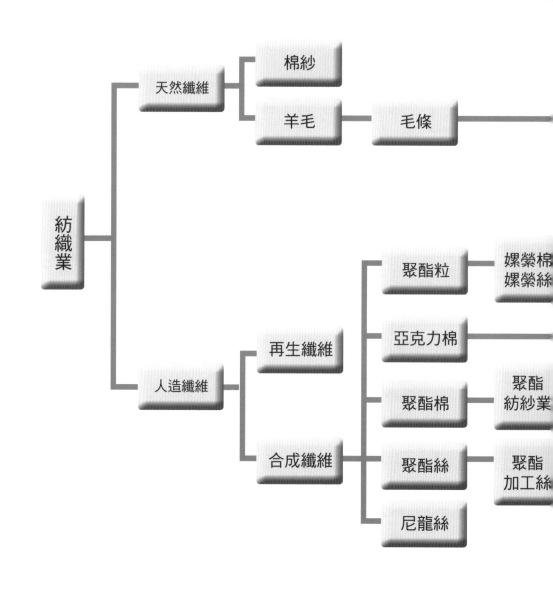

# 產業關聯圖

| | |
|---|---|
| 梳毛紗<br>亞克力紗<br>混紡毛紡紗 | |

| 聚酯粒 | 遠東新 (1402) 新纖 (1409) 南亞 (1303) 宏洲 (1413) |
|---|---|
| 聚酯棉 | 南亞 (1303) 遠東新 (1402) 新纖 (1409) 東和 (1414)<br>南紡 (1440) |
| 聚酯絲 | 遠東新 (1402) 新纖 (1409) 宏州 (1413) 南紡 (1440)<br>力麗 (1444) 中纖 (1718) 南亞 (1303) |
| 尼龍絲 | 台化 (1326) 力鵬 (1447) 聚隆 (1466) 集盛 (1455) |
| 亞克力棉 | 台塑 (1301) 東華 (1418) |
| 嫘縈棉、嫘縈絲 | 中纖 (1718) 台化 (1326) 福大 (4402) |
| 毛條炭化毛 | 利華 (1423) 中和 (1439) |
| 棉紗 | 廣豐 (1416) 立益 (1443) 南紡 (1440) 大東 (1441)<br>台化 (1326) |
| 梳毛紗、亞克力紗<br>混紡毛紡紗 | 怡華 (1456) 理隆 (1469) 儒鴻 (1476) |
| 聚酯加工絲 | 遠東新 (1402) 南紡 (1440) 南亞 (1303) 宏洲 (1413)<br>新纖 (1409) 力麗 (1444) 大宇 (1445) 宏益 (1452)<br>集盛 (1455) 宜進 (1457) 聯發 (1459) 宏遠 (1460)<br>聚隆 (1466) 三洋纖 (1472) 新昕 (4406) 台化 (1326) |
| 聚酯紡紗業 | 遠東新 (1402) 南緯 (1467) 東和 (1414) 廣豐 (1416)<br>台化 (1326) 福益 (1436) 南紡 (1440) 大東 (1441)<br>立益 (1443) 大將 (1453) 怡華 (1456) 佳和 (1449)<br>宏遠 (1460) 聯明 (4408) 弘裕 (1474) |
| 短纖織布業 | 弘裕 (1474) 遠東新 (1402) 東和 (1414) 廣豐 (1416)<br>新紡 (1419) 潤泰全 (2915) 台化 (1326) 大東 (1441)<br>年興 (1451) 佳和 (1449) 宏遠 (1460) 南緯 (1467)<br>聯明 (4408) |
| 長纖織布業 | 宏和 (1446) 台化 (1326) 福懋 (1434) 大宇 (1445)<br>力鵬 (1447) 佳和 (1449) 台富 (1454) 偉全 (1465)<br>宏遠 (1460) 得力 (1464) 昶和 (1468) 弘裕 (1474) |
| 染整業 | 南染 (1410) 福懋 (1434) 怡華 (1456) 強盛 (1463)<br>南緯 (1467) 大統染 (1470) |
| 成衣業 | 遠東新 (1402) 聚陽 (1477) 嘉裕 (1417) 年興 (1451)<br>台南 (1473) 如興 (4414) 儒鴻 (1476) |

長纖<br>織布業

短纖<br>織布業

染整業　成衣業

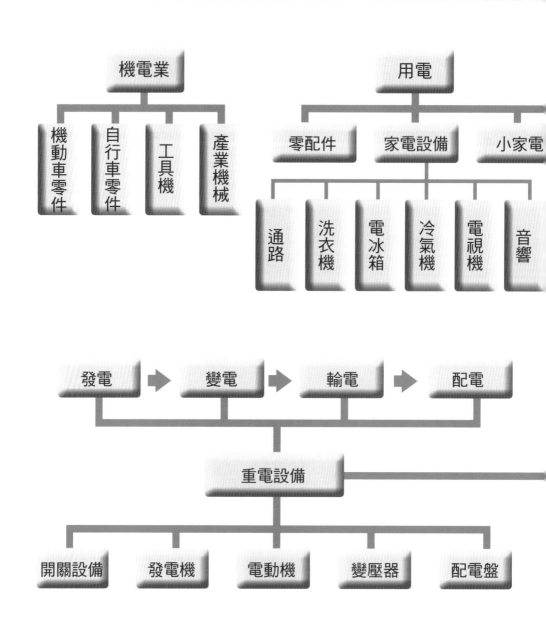

# 產業關聯圖

冷凍空調等設備

中央空調設備　冷凍(藏)設備　壓縮機

重電設備

裸銅線
紗漆包線
電力電纜
通信電線
電子線

(請參閱電線電纜關聯圖)

供電設備　發電

| 發電機 | 大同 (2371) 東元 (1504) 中興電 (1513) 崇友 (4506) |
|---|---|
| 電動機 | 大同 (2371) 東元 (1504) 士電 (1503) 中興電 (1513) |
| 變壓器 | 大同 (2371) 士電 (1503) 亞力 (1541) 華城 (1519) |
| 供電設備 | 中興電 (1513) 擎邦 (6122) |
| 配電盤 | 大同 (2371) 亞力 (1541) 士電 (1503)<br>華城 (1519) 樂士 (1529) |
| 發電 | 台汽電 (8926) 大汽電 (8931) |
| 音響 | 鋁新 (2415) 美隆電 (2479) 全域 (3067)<br>振曜 (6143) 漢平 (2488) 美律 (2439) 志豐 (3206) |
| 電視機 | 大同 (2371) 東元 (1504) 聲寶 (1604) 三洋 (1614) |
| 冷氣機 | 大同 (2371) 東元 (1504) 聲寶 (1604) 三洋 (1614) |
| 電冰箱 | 大同 (2371) 東元 (1504) 聲寶 (1604) 三洋 (1614) |
| 洗衣機 | 東元 (1504) 聲寶 (1604) 三洋 (1614) |
| 通路 | 燦坤 (2430) 全國電 (6281) |
| 中央空調設備 | 堃霖 (4527) 東元 (1504) 中興電 (1513) |
| 壓縮機 | 瑞智 (4532) 東元 (1504) |
| 零配件 | 中砂 (1560) 江興 (4528) 瑞穎 (8083) 三林 (4534)<br>車王電 (1533) 正峰新 (1538) |
| 小家電 | 元山 (6275) 唐鋒 (4609) 東貿 (4104) 亞弘 (6201)<br>燦坤 (2430) 燦星網 (4930) |
| 機動車零件 | 耿鼎 (1524) 大億 (1521) 堤維西 (1522)<br>江申 (1525) 瑞利 (1512) 開億 (1523) |
| 自行車零件 | 日馳 (1526) 利奇 (1517) 川飛 (1526) 精確 (3162) |
| 產業機械 | 新麥 (1580) 力山 (1515) 恩德 (1528)<br>巨庭 (1539) 鋁泰 (1541) |
| 工具機 | 力山 (1515) 喬福 (1540) 亞崴 (1530) 程泰 (1583)<br>正道 (1506) 高鋒 (4510) 福裕 (4513) 協益 (4533)<br>東台 (4526) 龍澤 (6609) 至興 (4535) |

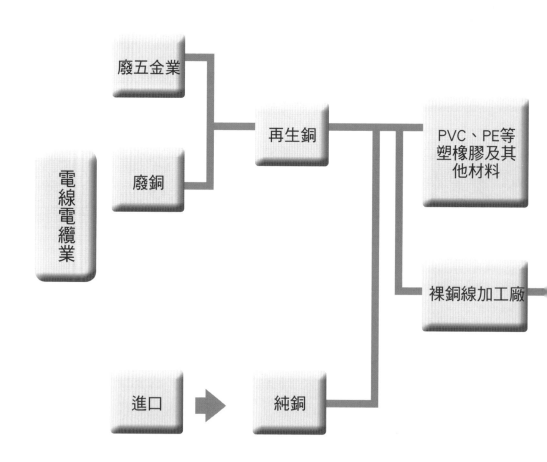

| | |
|---|---|
| 裸銅線加工廠 | 華新 (1605)　大亞 (1609)<br>華榮 (1608)　台一 (1613)<br>宏泰 (1612)　億泰 (1616)<br>大山 (1615)　合機 (1618) |
| 漆包線製造業 | 華新 (1605)　大亞 (1609)<br>台一 (1613)　榮星 (1617)<br>富強鑫 (6603) |
| 通信線、<br>光纜製造業 | 華新 (1605)　華榮 (1608)<br>大亞 (1607)　億泰 (1616)<br>宏泰 (1612)　大山 (1615) |
| 電子線製造業 | 華新 (1605)　億泰 (1616)<br>萬泰科 (6190)　大山<br>(1615) |
| 電力線製造業 | 華新 (1605)　華榮 (1608)<br>大亞 (1609)　宏泰 (1612)<br>台一 (1613)　億泰 (1616)<br>大山 (1615)　合機 (1618) |

漆包線製造業

通信線、
光纜製造業

電子線製造業

電力線製造業

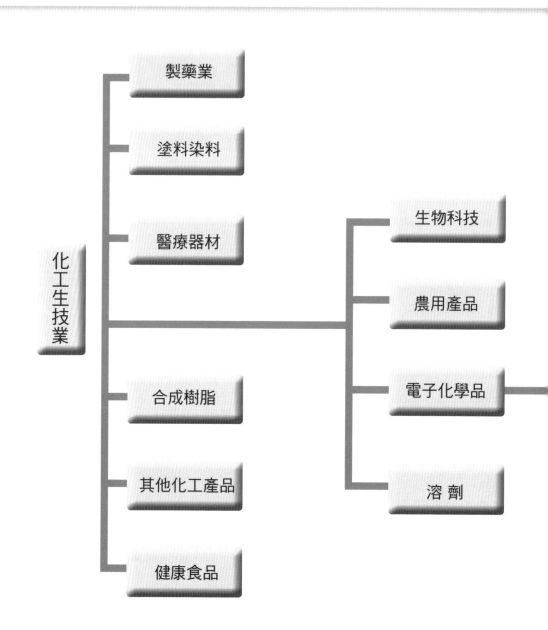

| 分類 | 公司 |
|---|---|
| 製藥業 | 中天(4128) 杏輝(1734) 天良(4127) 永日(4102)<br>晟德(4123) 亞諾法(4133) 生泰(1799) 東洋(4105) 懷特(1701) 永信(1716) 旭富(4119)<br>生達(1720)<br>濟生(4111) |
| 塗料染料 | 永記(1726) 南璋(4712) 大恭(4706)<br>永光(1711) 中美實(4702) 福盈(1787) |
| 醫療器材 | 精華(1565) 百略(4103) 東貿(4104)<br>雅博(4106) 五鼎(1733) 必翔(1729)<br>喬山(1736) 合世(1781) 聯合(4129)<br>太醫(4126) 優盛(4121) 邦特(4107)<br>濟生(4111) |
| 介面活性劑 | 中纖(1718) 和桐(1714) 和益(1709)<br>南僑(1702) |
| 合成樹脂 | 長興(1717) 大立(4716) 永純(4711)<br>國精化(4722) |
| 光阻劑、光安定劑 | 永光(1711) 長興(1717) |
| 蝕刻液、顯影液 | 台硝(1724) |
| 健康食品 | 南僑(1702) 葡萄王(1707) 加捷(4109)<br>佰研(3205) |
| 生物科技 | 永日(4102) 生泰(1777) 台塩(1737)<br>晶宇(4131) 訊聯(1784) |
| 農用產品 | 興農(1712) 台肥(1722) 惠光(6508)<br>東鹼(1708) |
| 其他化工產品 | 台蠟(1742) 中華化(1727) 惠光(6508)<br>中碳(1723) 元禎(1725) 聚和(6509)<br>國化(1713) 三晃(1721)<br>美琪瑪(4721) 磐亞(4707) |
| 溶劑 | 榮化(1709) 信昌化(4725) |

蝕刻液 顯影液

光阻劑 光安定劑

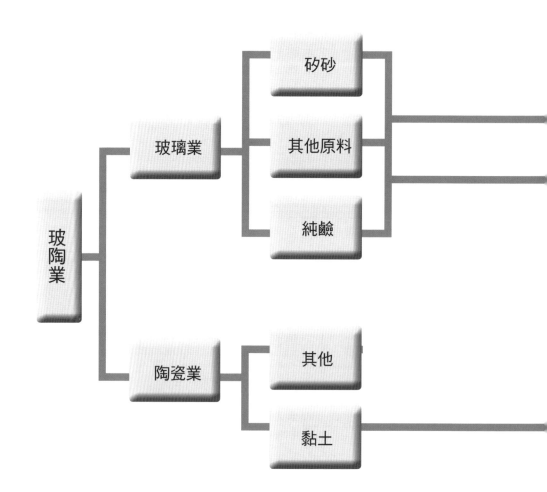

# 業產業關聯圖

平板玻璃

玻璃纖維　玻纖布　銅箔

瓷磚　建材

| 純鹼 | 東鹼 (1708)　台塑 (1301) |
|---|---|
| 玻纖布 | 台玻 (1802)　建榮 (5340)<br>德宏 (5475) |
| 銅箔 | 南亞 (1303) |
| 瓷磚 | 冠軍 (1806)　寶徠 (1805) |
| 建材 | 和成 (1810)　中釉 (1809) |

# 造紙產業產業關聯圖

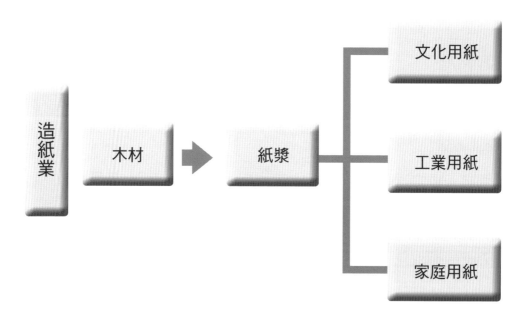

| 紙漿 | 華紙 (1905)　台紙 (1902)　永豐餘 (1907) |
|---|---|
| 家庭用紙 | 正隆 (1904)　永豐餘 (1907) |
| 工業用紙 | 榮成 (1909)　士紙 (1903)　永豐餘 (1907)　正隆 (1904) |
| 文化用紙 | 華紙 (1905)　永豐餘 (1907)　榮成 (1909) |

# 觀光百貨產業關聯圖

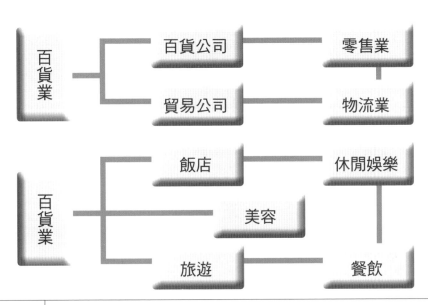

| 百貨公司 | 遠百 (2903)　統領 (2910)　欣欣 (2901) |
|---|---|
| 貿易公司 | 高林 (2906)　德記 (5902)　農林 (2913)　麗嬰房 (2911) 潤泰全 (2915)<br>關貿 (6183) |
| 零售業 | 統一超 (2912)　全家 (5903)　三商行 (2905)　特力 (2908)　潤泰新 (9945) |
| 物流業 | 中菲行 (5609)　榮運 (2607)　遠雄港 (5607)　立益 (1443)　大榮 (2608) |
| 飯店 | 國賓 (2704)　六福 (2705)　晶華 (2707)　華園 (2702)　第一店 (2706)<br>亞都 (5703)　老爺知 (5704)　南仁湖 (5905) |
| 旅遊 | 鳳凰 (5706)　燦星網 (4930) |
| 休閒娛樂 | 六福 (2705)　劍湖山 (5701)　南仁湖 (5905)　欣欣 (2901)　萬企 (2701)<br>好樂迪 (9943) |
| 餐飲 | 新天地 (8940)　三商行 (2905)　天仁 (1233) |
| 美容 | 寶齡 (1760)　(興櫃)　寶雅 (5904) |

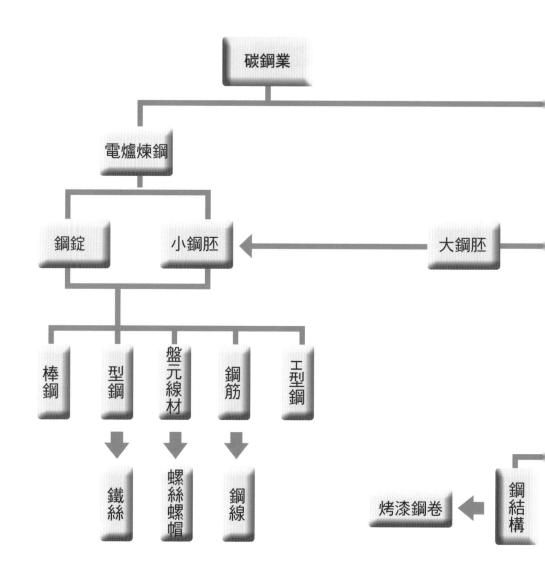

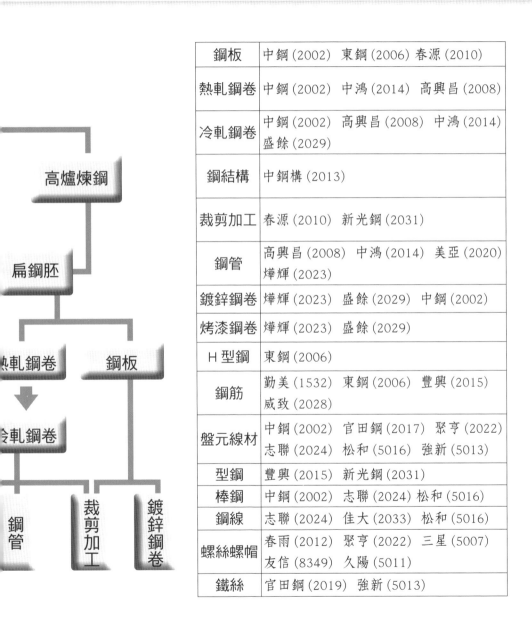

| 鋼板 | 中鋼 (2002) 東鋼 (2006) 春源 (2010) |
|---|---|
| 熱軋鋼卷 | 中鋼 (2002) 中鴻 (2014) 高興昌 (2008) |
| 冷軋鋼卷 | 中鋼 (2002) 高興昌 (2008) 中鴻 (2014) 盛餘 (2029) |
| 鋼結構 | 中鋼構 (2013) |
| 裁剪加工 | 春源 (2010) 新光鋼 (2031) |
| 鋼管 | 高興昌 (2008) 中鴻 (2014) 美亞 (2020) 燁輝 (2023) |
| 鍍鋅鋼卷 | 燁輝 (2023) 盛餘 (2029) 中鋼 (2002) |
| 烤漆鋼卷 | 燁輝 (2023) 盛餘 (2029) |
| H 型鋼 | 東鋼 (2006) |
| 鋼筋 | 勤美 (1532) 東鋼 (2006) 豐興 (2015) 威致 (2028) |
| 盤元線材 | 中鋼 (2002) 官田鋼 (2017) 聚亨 (2022) 志聯 (2024) 松和 (5016) 強新 (5013) |
| 型鋼 | 豐興 (2015) 新光鋼 (2031) |
| 棒鋼 | 中鋼 (2002) 志聯 (2024) 松和 (5016) |
| 鋼線 | 志聯 (2024) 佳大 (2033) 松和 (5016) |
| 螺絲螺帽 | 春雨 (2012) 聚亨 (2022) 三星 (5007) 友信 (8349) 久陽 (5011) |
| 鐵絲 | 官田鋼 (2019) 強新 (5013) |

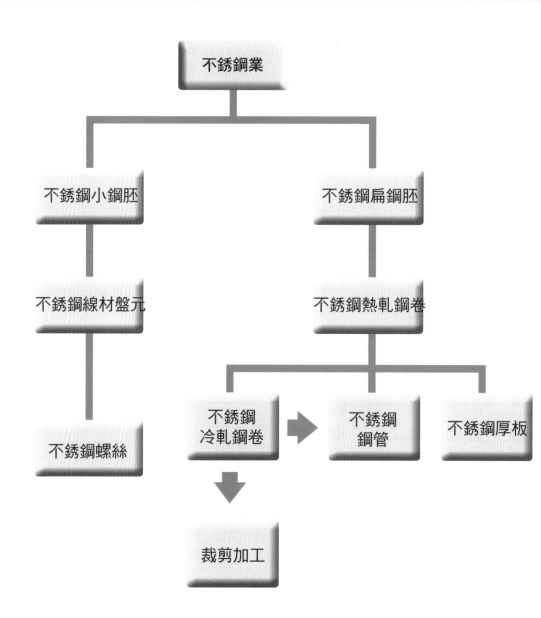

# 產業關聯圖

| | |
|---|---|
| 不銹鋼<br>小鋼胚 | 燁聯 (9957) （興櫃） |
| 不銹鋼<br>熱軋鋼卷 | 燁聯 (9957) 唐榮 (2035) |
| 不銹鋼<br>冷軋鋼卷 | 燁聯 (9957) 美亞 (2020) 千興 (2025) 彰源 (2030)<br>唐榮 (2035) 大成鋼 (2027) 允強 (2034) |
| 不銹鋼線<br>材盤元 | 燁興 (2007) 強新 (5013) 華新 (1605) 華祺 (5015) |
| 不銹鋼厚板 | 有益 (9962) |
| 不銹鋼鋼管 | 大成鋼 (2027) 彰源 (2030) 允強 (2034)<br>大甲 (2221) 強新 (5013) 美亞 (2020) |
| 裁剪加工 | 新鋼 (2032) 新光鋼 (2031) 建錩 (5014) 允強<br>(2034) |
| 不銹鋼螺絲 | 華祺 (5015) |

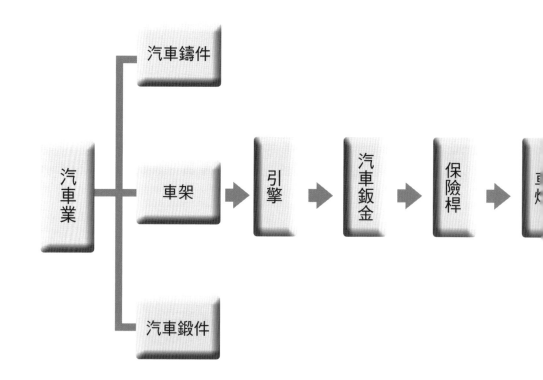

# 產業關聯圖

| | |
|---|---|
| 汽車鑄件 | 勤美 (1532)　源恒 (4502) |
| 車架 | 江申 1525 |
| 汽車鍛件 | 正道 (1506)　和大 (1536)<br>江興 (4528)　至興 (4535) |
| 引擎 | 泰茂 (2230)　(興櫃) |
| 汽車鈑金 | 瑞利 (1512)　開億 (1523)<br>耿鼎 (1524) |
| 保險桿 | 東陽 (1319) |
| 車燈 | 大億 (1521)　帝寶 (6605)<br>維西 (1522)　正峰新 (1538) |
| 汽車輪胎 | 南港 (2101)　泰豐 (2102)　正新 (2105)<br>建大 (2106)　華豐 (2109)　富強 (5102) |
| 汽車 | 裕隆 (2201)　中華 (2204)　三陽 (2206) |
| 汽車銷售 | 和泰車 (2207)　裕日車 (2227)<br>裕隆 (2201)　三陽 (2206) 中華 (2204) |
| 汽車融貿 | 裕融 (9941) |
| 車用電子 | 為升 (2231)　怡利電 (2497)<br>車王電 (1533)　同致 (3552)　胡連<br>(6279)　永彰 (4523)　系統 (5309) |

車用電子

汽車製造 ── 汽車銷售

汽車製造 ── 汽車融貿

汽車輪胎

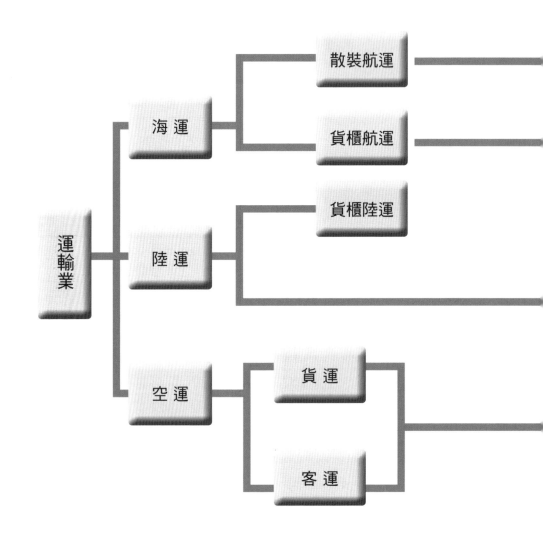

# 產業關聯圖

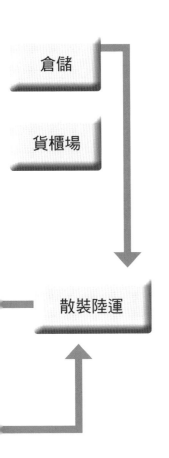

| | |
|---|---|
| 航空客運 | 華航 (2610)　　長榮航 (2618) |
| 航空貨運 | 中菲行 (5609)　華航 (2610)<br>長榮航 (2618)　遠雄港 (5607) |
| 貨櫃陸運 | 陸海 (5603)　志信 (2611)　榮運 (2607)<br>山隆 (2616)　中航 (2612) |
| 散裝陸運 | 中菲行 (5609)　大榮 (2608)　中連 (5604) |
| 貨櫃海運 | 長榮 (2603)　陽明 (2609)　萬海 (2615) |
| 散裝海運 | 益航 (2601)　新興 (2605)　裕民 (2606)<br>台航 (2617)　四維航 (5608)<br>中航 (2612)　台驊 (2636) |
| 貨櫃場倉儲 | 東森 (2614)　榮運 (2607)　中櫃 (2613)<br>台聯 (5601)　台驊 (2636)　陸海 (5603) |

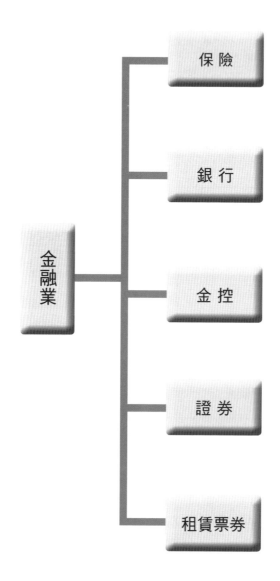

# 產業關聯圖

| | |
|---|---|
| 保險 | 中壽 (2823)　台壽 (2833)　台產 (2832)　新產 (2850)<br>旺旺保 (2816)　中再保 (2851) 第一保 (2852) |
| 銀行 | 彰銀 (2801)　京城銀 (2809)　台中銀 (2812)　台企銀 (2834)<br>高雄銀 (2836)　萬泰銀 (2837)　聯邦銀 (2838)　遠東銀 (2845)<br>大眾銀 (2847)　安泰銀 (2849)　合庫 (5854) |
| 金控 | 華南金 (2880)　富邦金 (2881)　國泰金 (2882)　開發金 (2883)<br>玉山金 (2884) 元大金 (2885)　兆豐金 (2886)　台新金 (2887)<br>新光金 (2888)　國票金 (2889) 永豐金 (2890)　中信金 (2891)<br>第一金 (2892)　日盛金 (5820) |
| 證券 | 寶來證 (2854)　統一證 (2855)　元富證 (2856)　群益證 (6005)<br>凱基證 (6008) 金鼎證 (6012)　宏遠證 (6015)　康和證 (6016)<br>大展證 (6020)　大慶證 (6021) 大眾證 (6022)　寶來期 (6023)<br>群益期 (6024) |
| 租賃<br>票券 | 華票 (2820)　裕融 (9941)　華夏資 (8913) |

# 1
## January

## 股市行事曆（請自行填寫）

| 一 MON | 二 TUE | 三 WED |
|---|---|---|
| | | |
| | | |
| | | |
| | | |
| | | |

巴菲特的股票致富法則：

1. 第一條法則：永遠不要虧損
2. 第二條法則：永遠不要忘記第一條

《本月好書》

| 四 THU | 五 FRI | 六 SAT | 日 SUN |
| --- | --- | --- | --- |
| | | | |
| | | | |
| | | | |
| | | | |
| | | | |

# 2
## February

股市行事曆（請自行填寫）

| 一 MON | 二 TUE | 三 WED |
|--------|--------|--------|
|        |        |        |
|        |        |        |
|        |        |        |
|        |        |        |
|        |        |        |

《本月好書》

索羅斯投資心法：

當有機會獲利時，千萬不要畏縮不前。

| 四 THU | 五 FRI | 六 SAT | 日 SUN |
|--------|--------|--------|--------|
|        |        |        |        |
|        |        |        |        |
|        |        |        |        |
|        |        |        |        |

# 3
## March

股市行事曆（請自行填寫）

| 一 MON | 二 TUE | 三 WED |
|---|---|---|
|  |  |  |
|  |  |  |
|  |  |  |
|  |  |  |
|  |  |  |

《本月好書》

巴菲特的股市心理學：

在別人貪婪時恐懼，在別人恐懼時貪婪。

| 四 THU | 五 FRI | 六 SAT | 日 SUN |
|---|---|---|---|
| | | | |
| | | | |
| | | | |
| | | | |
| | | | |

# 4
April

股市行事曆（請自行填寫）

| 一 MON | 二 TUE | 三 WED |
|---|---|---|
| | | |
| | | |
| | | |
| | | |
| | | |

彼得林區強調不要相信任何專家的意見，專家們不能預泙

《本月好書》

股市 Making money from the market
10大技術指標 圖典

| 四 THU | 五 FRI | 六 SAT | 日 SUN |
| --- | --- | --- | --- |
|  |  |  |  |
|  |  |  |  |
|  |  |  |  |
|  |  |  |  |
|  |  |  |  |

何東西，你的投資才能不是源於華爾街的專家，你本身就具有這種才能。

# 5
May

股市行事曆（請自行填寫）

| 一 MON | 二 TUE | 三 WED |
|---|---|---|
| | | |
| | | |
| | | |
| | | |
| | | |

《本月好書》

行情總在絕望中誕生，半信半疑中成長，
憧憬中成熟，充滿希望中毀滅。

| 四 THU | 五 FRI | 六 SAT | 日 SUN |
|---|---|---|---|
| | | | |
| | | | |
| | | | |
| | | | |
| | | | |

# 6

June

《本月好書》

股市行事曆（請自行填寫）

| 一 MON | 二 TUE | 三 WED |
|--------|--------|--------|
|        |        |        |
|        |        |        |
|        |        |        |
|        |        |        |

股市格言：新手看價 老手看量 高手看籌碼

| 四 THU | 五 FRI | 六 SAT | 日 SUN |
|---|---|---|---|
| | | | |
| | | | |
| | | | |
| | | | |
| | | | |

# 7
## July

股市行事曆（請自行填寫）

| 一 MON | 二 TUE | 三 WED |
|---|---|---|
|  |  |  |
|  |  |  |
|  |  |  |
|  |  |  |
|  |  |  |

是川銀藏的「烏龜三原則」：
一、選擇未來大有前途的潛力股，長期持有。
二、每日盯牢經濟與股市行情的變動，而且自己下功夫研
三、不可太過樂觀，不要以為股市會永遠漲個不停，而且

《本月好書》

靠技術分析
每年穩賺
100萬
找對投資工具，
讓錢自動流進來

| 四 THU | 五 FRI | 六 SAT | 日 SUN |
|---|---|---|---|
|  |  |  |  |
|  |  |  |  |
|  |  |  |  |
|  |  |  |  |
|  |  |  |  |

資金操作。

# 8
## August

股市行事曆（請自行填寫）

| 一 MON | 二 TUE | 三 WED |
|---|---|---|
|  |  |  |
|  |  |  |
|  |  |  |
|  |  |  |
|  |  |  |

《本月好書》

王永慶：「你賺的一塊錢不是你的一塊錢，
你存的一塊錢才是你的一塊錢。」

| 四 THU | 五 FRI | 六 SAT | 日 SUN |
| --- | --- | --- | --- |
| | | | |
| | | | |
| | | | |
| | | | |
| | | | |

# 9
## September

股市行事曆（請自行填寫）

| 一 MON | 二 TUE | 三 WED |
|---|---|---|
| | | |
| | | |
| | | |
| | | |
| 安德烈‧科斯托蘭尼：「有錢的人，可以投機，錢少的 | | |

《本月好書》

| 四 THU | 五 FRI | 六 SAT | 日 SUN |
|--------|--------|--------|--------|
|        |        |        |        |
|        |        |        |        |
|        |        |        |        |
|        |        |        |        |
|        |        |        |        |

以投機，根本沒錢的人，必須投機。」

# 10
## October

股市行事曆（請自行填寫）

| 一 MON | 二 TUE | 三 WED |
|---|---|---|
|  |  |  |
|  |  |  |
|  |  |  |
|  |  |  |
|  |  |  |

富爸爸：「不要為錢工作，而是要錢為自己工作。」

《本月好書》

| 四 THU | 五 FRI | 六 SAT | 日 SUN |
|---|---|---|---|
|  |  |  |  |
|  |  |  |  |
|  |  |  |  |
|  |  |  |  |
|  |  |  |  |
|  |  |  |  |

# 11
November

股市行事曆（請自行填寫）

| 一 MON | 二 TUE | 三 WED |
|---|---|---|
|  |  |  |
|  |  |  |
|  |  |  |
|  |  |  |
|  |  |  |

唐納川普：「只為錢作生意從來就不是我的目的，真正

《本月好書》

下班學投資，
每年多賺
**100**萬

保證看得懂！保證學得會！
保證用得到！

上班族一生一定要懂，
最實用的臨場致富書
大公開！

| 四 THU | 五 FRI | 六 SAT | 日 SUN |
| --- | --- | --- | --- |
|  |  |  |  |
|  |  |  |  |
|  |  |  |  |
|  |  |  |  |
|  |  |  |  |

熱血沸騰的，是參與的過程。」

# 12
## December

股市行事曆（請自行填寫）

| 一 MON | 二 TUE | 三 WED |
|---|---|---|
| | | |
| | | |
| | | |
| | | |
| | | |

《本月好書》

李嘉誠：「假設你駕駛以風推動的遠洋船，在離開港口
但是你還要估計，若有颱風來襲，在風暴還

| 四 THU | 五 FRI | 六 SAT | 日 SUN |
|--------|--------|--------|--------|
|        |        |        |        |
|        |        |        |        |
|        |        |        |        |
|        |        |        |        |
|        |        |        |        |

要先想到萬一碰到大颱風時，你要怎麼應付。雖然天氣很好，
開之前，你怎麼辦？」

# 打造新閱讀饗宴！
# 致富絕學，投資新法，盡在茉莉！

## 新手致富

《不爭利,就能累積
競爭力》
定價：250元

《靠技術分析,
每年穩賺100萬》
定價：280元

《股票致富小百科》
定價：300元

## 小資賺千萬

《小資賺千萬的致富計畫》
定價：280元

《看懂有錢人默默在
做的事》
定價：280元

《上班第一天就有的
競爭力》
定價：280元

榮登各大書店與網路書店暢銷排行榜！！
上萬網友一致推薦的收藏好書！